今日は甘いものを食べたい日

三國清三

三國シェフの簡単美味しいおうちスイーツ **135**

KADOKAWA

1980年頃、三國26歳。「モデュイ」にて。

はじめに

YouTubeチャンネル「オテル・ドゥ・ミクニ」を開設したのは2020年。パンデミックでレストラン営業がストップし、そのような中で自分たちができること、役に立てることを考え、はじめたのがYouTubeでのフランス家庭料理の作り方の配信でした。

そこから2025年1月現在、YouTube「オテル・ドゥ・ミクニ」のチャンネル登録者数は52万人を超え、多くの方にご覧いただいています。

これまでYouTubeで配信した人気料理の作り方をまとめた書籍『スーパーの食材でフランス家庭料理をつくる 三國シェフのベスト・レシピ136 永久保存版』、『スーパーの食材が高級レストランの味になる 三國シェフのすご技絶品レシピ 永久保存版』の2冊を刊行しました。

おかげさまで2冊とも反響をいただき、今回YouTubeで紹介したスイーツのレシピをまとめた書籍ができました。今回もたくさんのレシピを掲載しています。

三國シェフというとフランス料理のイメージだと思いますが、実はお菓子も大好きです。パリではパティシエもしていました。

パリ修業時代、パティシエの経験を積んだ意義

1980年頃、パリでは洋菓子店の双璧、「ルノートル」と「モデュイ」が競い合っていた時代がありました。僕はその頃、その「モデュイ」で修業していたんです。

フランスでは、料理人志望でパティシエになるつもりがない人間でも、必ずパティシエをやらされます。だって、考えてもみてください。シェフが料理の〆に味わうお菓子のことをよくわかっていなければ、コース全体が成り立たないでしょう!? ミシュラン三ツ星のレストランのオーナーシェフほど、料理人志望の人間にも、「必ずパティシエをやりなさい!」というんですよ。

たとえば、ロブションの料理で特徴的な皿にソースで「●●●」と描く盛りつけ。あれなんて、まさに菓子職人の発想です。マカロンが有名なピエール・エルメだって、実は料理が大好きで、料理の技をお菓子に取り入れているんですから。

それに、ちょっとした店になれば、料理のシェフとは別に「シェフ・パティシエ」がいるのが普通です。なにしろ、その日の食事にどれだけ満足していただけるかは、デザートしだい。「〆のひと皿」で、満足度が変わってしまうわけですからね。

もちろん今、我々も、最後にお出しするデザートがそれまでの料理に沿ったものになるように、よくよく考えています。パティスリーとレストランのお菓子の違いは、まさにそこなんですよ! 我々はコース料理をお出しして、最後に「アバンデセール」「グランデセール」といってね、デザートを2回お出ししますから。

これは余談だけれど、僕がフランスから帰国して店をオープンした当時は、「アバンデセール」なんていう言葉も概念も、日本にはまだありませんでした。アバンデセールとは、「デザートの前のデザート」という意味ですからね。「デザートが2回なんて……」と、料理評論家から、まぁバッシングされたものです。今ではデザートの前にアイスクリームやグラニテなどの冷たいものを出すことが、すっかり普通になりましたけれどね。

僕とお菓子

僕が好きな甘いものは、実はまず、おはぎなどの和菓子。そしてチョコレート系のもの。フランスのヴァローナなんかが好きで、ワインと一緒にいただいたり、何種類か組み合わせてデザートに使ったりしています。

今はみなさん、お菓子も季節感があるものを好みますよね。レストランパティシエを経験すると、料理の感覚でお菓子をとらえられるようになります。料理は、旬の素材の味を前面に出し、あまり手を加えすぎずに素材の持つものを表現するのが基本。日々食材が変わるレストランでパティシエを経験するということは、とてもプラスになるんです。その証拠に、私の店でパティシエとして働いてくれていた人たちが、今、全国で活躍してくれています。

こうした経験を経て、今YouTubeで紹介しているスイーツのレシピはどれも、ご家庭で簡単に美味しく作れるものです。

レストランで味わえるスイーツとは違いますが、どのレシピにも僕の技がつまっています。ぜひ作ってみてください!

CONTENTS

はじめに ——————————— 2

この本でおうちで
美味しいスイーツが作れるわけ ——— 6

三國シェフのまずはここから
調理のポイント ——————— 7

本書の使い方 ———————— 8

食べるのが待ちきれない
ご褒美スイーツレシピ9選

ラフラミュッス ——————— 10
基本のサブレ ———————— 12
キャラメルマフィン ————— 14
簡単フルーツガレット ———— 16
ガトーナンテ ———————— 18
チョコレートのスフレ ———— 20
キャロットケーキ —————— 22
クレープ・シュゼット ———— 24
イチゴのババロア —————— 26

豪華スイーツレシピ
定番スイーツから
見たことがないお菓子まで

焼き菓子

ポルボロン ————————— 28
アメリカンビスケット ———— 30
クロカンオザマンド ————— 31
レモン味のショートブレッド —— 32
ビスキュイ サレ —————— 33
チュイルクッキー —————— 34
チーズサブレ ———————— 35
ブラウニー ————————— 36
栗のマドレーヌ ——————— 38
シュケット ————————— 40
プロフィットロール ————— 41

クラフティ

りんごのクラフティ ————— 42
アメリカンチェリーのクラフティ —— 44
チョコチェリークラフティ —— 45

パイナップルのクラフティ ——— 46
チョコレートクラフティ ———— 47

ケーキ

三國流モンブラン —————— 48
フォンダンショコラ ————— 50
ケークオシトロン —————— 52
スパイシーにんじんケーキ —— 54
キャトルキャール —————— 56
かぼちゃケーキ ——————— 57
プルーンケーキ ——————— 58
パンデピス ————————— 59
ロールケーキ ———————— 60
プヂンケーキ ———————— 62
かぼちゃプリンケーキ ———— 64
チーズケーキ ———————— 66
トゥルトー フロマジェ ———— 67
パイナップルケーキ ————— 68
ガトーマンケ ———————— 69

パイ・タルト

ショソンオポム ——————— 70
パンプキンパイ ——————— 72
秋のフルーツパイ —————— 74
パルミエ —————————— 76
和梨のタルトレット ————— 77
タルト オ シュクル ————— 78
ミルクタルト ———————— 79
ガトーバスク ———————— 80
エンガディナー ——————— 81

冷たいお菓子

チョコレートムース ————— 82
ホワイトチョコレートムース —— 83
ウフアラネージュとキャラメルソース —— 84
コーヒームース ——————— 86
ブルーベリームース ————— 87
ヌガーグラッセ ——————— 88
クレメダンジュ ——————— 90
クレームダンジュ —————— 91
セラドゥーラ ———————— 91
桃のブラマンジェ —————— 92
ジャスミンティーのブラマンジェ —— 94
イチゴのブラマンジェ ———— 95
コーヒーゼリー ——————— 96
グレープフルーツプリン ——— 98

ソルティードッグゼリー ——— 99

アイス

自家製アイスキャンディー ——— 100
桃のかき氷 100
アイスクリームサンド ——— 101
トリュフアイス ——— 101
ダムブランシュ 102
アイスのクレープ包み ——— 103

パンのお菓子

AZUKIサンド ——— 104
自家製ジャム ——— 105
トースターでフレンチトースト 106
ラムレーズンのフレンチトースト ——— 108
抹茶フレンチトースト ——— 109
イチゴサンドイッチ ——— 110
パンにも塗れるクリーム① ラブネ 111
パンにも塗れるクリーム② レモンクリーム ——— 111
パンオショコラ 112
ババオーラム風 113
パンアイス ——— 113
パンプディング
　　〜パンペルデュのフラン〜 114
クロワッサンオザマンド 116
クロックケーキ ——— 118
MIKUNIラスク〜甘い編〜 119
イチゴのフレンチトースト ——— 120
桃のフレンチトースト ——— 121

フルーツのお菓子

白いピザ〜甘い編〜 ——— 122
バナナのキャラメルソテー ——— 124
みかんのスープ ——— 126
焼きグレープフルーツ＆甘夏 128
みかんのジブレ 129
フルーツのホットデザート 130
バナナとココナッツのデザート 130
シブースト風キャラメルバナナパフェ 131
トゥロン 132
焼きパイナップル ——— 133
イチジクのロースト ——— 133
クランブル オー ポム ——— 134
りんごのコンポート 135
アメリカンチェリーと
　　ミントのコンポート 135
イチゴとカルダモンのスープ ——— 136

イチゴイルフロッタント 138
イチゴと赤ワインのサラダ ——— 139
スイカとミントのスープ ——— 139
ポワール ベル エレーヌ 140
焼き桃 142
桃のコンポート 143
桃のふるふるデザート 143
フルーツのキャラメルソテー ——— 144
プルーンの洋酒漬け 144
フルーツのサバイヨングラタン ——— 145
秋のフルーツサラダ ——— 145

みんなの好きなおやつ

スイートポテト ——— 146
三國流！焼き芋の楽しみ方 148
さつまいもチップス ——— 149
ポップコーン ——— 150
自家製グミ 150
ふわふわホットケーキ 151

チョコレート

アーモンドのチョコレートがけ ——— 152
トリュフ コニャック ——— 153

揚げるおやつ

ペドノンヌ〜尼さんのオナラ〜 ——— 154
ベニエ 155
ビューニュ ——— 156
コーヒーかりんとう ——— 157

息抜きレシピ

ホットオレンジジュース ——— 129
ホットスパイシーりんごジュース ——— 134
アフォガート風ショコラショー ——— 152
スパイスショコラショー ——— 153
自家製アーモンドミルク 158
鶏のミルク〜レ ド プル〜 158
AMAZAKE リオレ 158
ホット白ワイン〜ヴァンブランショー〜 ——— 159
シードルショー ——— 159
グロッグ ——— 159

この本でおうちで美味しいスイーツが作れるわけ

本書でご家庭で簡単に
美味しさを味わえる理由と本書の特徴をご紹介

① 材料はスーパーやネットストアで簡単に入手できるものばかり

この本で紹介するお菓子は、スーパーで買えるもの、近所にはなくてもインターネットで手に入る材料で作れることを意識しました。冷凍フルーツを使ったレシピも多数紹介しています。

② 市販品をうまく活用

キャラメルマフィンは市販のミルクキャラメルを、モンブランの土台は砕いた焼き菓子を使うなど、全部一から作るのではなく、市販品を効果的に使いながら美味しいスイーツを作るコツを随所にちりばめました。パイ生地も市販の冷凍パイシートで大丈夫ですし、チョコレートも板チョコレートをたくさん使っています。

③ 省いてよい工程は省く・道具を代用する

グラサージュを冷める前にかける、卵黄ではなく全卵を使う、粉をふるわずに入れるなど、省ける工程はなくして、簡単な作りやすいやり方で説明しています。また、型がないときはグラスの縁で抜く、タルトストーンのかわりに小豆を使うなど、いろいろなやり方を提案しています。

④ 真似できる、あっと驚く工夫が満載

カステラやクッキーを敷いて果物の水分を吸わせることで生地がこんがり焼ける。ゆでるときに水に牛乳を加えることでクリーミーに仕上がる。こんなちょっとした技術不要の様々な工夫がなされたレシピだからこそ、だれでも真似してご家庭で美味しいスイーツが作れます。

⑤ 定番から知らないスイーツまで見たら作りたくなるレシピ

サブレやチーズケーキといった定番のお菓子から、フレンチトーストやサンドイッチなどパンを使ったスイーツ、そしてプヂンケーキやポルボロンなど世界のスイーツまでバラエティにとんだお菓子の作り方を紹介。みかんのスープや焼き桃などフルーツを使ったレシピもたくさん載せています。135品もあるから、作ってみたいスイーツだらけです。

いい加減でOK！

そもそもお菓子は、料理よりも作る工程が難しいものなんです。でも、この本のレシピは、料理を作るような感覚で作れるように工程も可能な限り省いて難しくしていません。クリームのしぼり方がちょっといい加減だったり、生地の大きさや形がちょっと変わったりしてもかまいませんよ。「こうでなければならない！」というレシピにはしていませんから。でき上がったお菓子にサイズの大小がある……、それもまた手作りのよさですから（笑）

ただ、必ずきちんとやってもらいたいのは、材料の計量。分量をきちんと守らないと、固まるはずのお菓子も固まらずに流れてしまったりしますから。「分量」と、そしてレシピに表記されている「温度」。これだけは、必ず正確にしてください。

そして、まずレシピどおりに何度か作ってみて、「もう少しやわらかいほうがいいな」と思ったら、次に作るときに、たとえばゼラチンの量を減らしたりしてみる。夏と冬とで仕上がりが変わるお菓子もあるので、「トライ＆ラーン」です。繰り返し作って、自分の「これだ！」という味を、ぜひ見つけてください。

[三國シェフのまずはここから
調理のポイント]

「分量」「温度」以外は「いい加減でOK！」ですが、
ここは意識してみてということを紹介します。

粉はパラパラ入れる

みなさん、薄力粉など粉類を入れるときはパラパラパラパラです。ドサッドスッと入れるのではなく、パラパラパラパラ。そして少しずつ、ダマにならないように、塊を潰すように混ぜてください。もちろん粉をふるうと仕上がりのクオリティは上がります。本書のレシピの下準備にも「粉をふるう」を入れましたが、ふるう余裕がないときはパラパラを意識してみてください。

ゴムベラでは切るように混ぜる

ゴムベラを使うときはヘラを立てて切るように混ぜましょう。切るようにです。

メレンゲを作るとき／
生クリームを泡立てるときは冷やす

卵白を入れたボウル／生クリームを入れたボウルとホイッパーを冷蔵庫で冷やしてから泡立ててください。夏場は氷水にあてて泡立てます。
油分や水滴に気を付けて。リズミカルにサンバをイメージして速度早く混ぜましょう。ハンドミキサーがある方はハンドミキサーで混ぜてくださいね。

そのほか細かいコツやポイントは各レシピ内で説明しているので、
参考にしてみてください！

本書の使い方

【材料のこと】

・チョコレートは市販の板チョコレートを使っています。
・生クリームは特に記載がない限り乳脂肪分47％のものです。
・卵は特に記載がない限りMサイズです。
・大さじ1＝15ml、小さじ1＝5mlです。水、生クリームは1ml＝1gです。
　牛乳は200ml＝210gです。
・皮や、皮ごと使う食材はよく洗って使用してください。

【道具や調理のこと】

・オーブンは熱風機能やメーカー、機種によって性能が異なり、庫内の焼き
　具合が異なるので、温度や時間は目安ととらえ、様子を見ながら調整して
　ください。
・オーブンは下段で焼いてください。
・湯煎に使うボウルは耐熱性のものを使用してください。
・料理用温度計、クリームなどを絞るための絞り袋（口金付き）、スキレッ
　トやグラタン皿、シリコンカップなどは100円均一ショップで購入した
　ものも多数使用しています。
・焼き立ての型や電子レンジで加熱した容器など熱いものを触る場合は、オ
　ーブンミトンなどを使い火傷に注意してください。
・てんさい糖と水を火にかけキャラメルにするときは、フライパンの中身が
　飛び跳ねて火傷しないように注意してください。
・フランベは大きな火が立つため危険です。お酒を入れすぎない、周囲に可
　燃物を置かない、鍋に顔や体を近づけないなどに注意し、安全に配慮し、
　慣れていない方は行わないようにしてください。
・具体的な商品の情報は2025年1月現在のものです。
・YouTubeで紹介しているレシピと材料や作り方が異なる場合があります
　が、どちらも間違いではありません。

Staff

デザイン　小橋太郎（Yep）

撮影　福田喜一

スタイリスト　岩﨑牧子

調理　加藤巴里

調理補助　三好弥生

撮影協力　UTUWA　03-6447-0070

編集協力　三浦良江

DTP　Office STRADA

校正　鷗来堂

写真提供

YouTubeチャンネル「オテル・ドゥ・ミクニ」
https://www.youtube.com/@chef-MIKUNI

食べるのが待ちきれない

ご褒美スイーツレシピ 9選

ラフラミュッス

簡単で超シンプル！ りんごのクレープでもないし、
クラフティでもないし、フランでもないし、ちょっとファジーな、りんごのお菓子。
ブルゴーニュ地方の伝統的なりんごケーキです。

―――― 材料

直径20cmスキレット1個分（2〜4人分）

[アパレイユ]

A ｜ 卵 … 2個
　｜ てんさい糖 … 40g

薄力粉 … 40g
牛乳 … 200mL
バニラエッセンス … 少々

[りんごのソテー]

りんご … 3個
てんさい糖 … 10g
バター（食塩不使用）… 15g

てんさい糖（仕上げ用）… 15g
バター（食塩不使用、型に塗る用）… 10g

―――― 下準備

□ 薄力粉をふるう。
□ オーブンを180℃に予熱する。
□ スキレットにバターを塗る。

おすすめの飲み物

マール ド ブルゴーニュのソーダ割り
Marc de Bourgogne Soda

生産地：フランス、ブルゴーニュ地方

―――― 作り方

[アパレイユ]

1 ボウルにAを入れ、よく混ぜ合わせる。
2 薄力粉を2回に分けて入れ、ダマがなくなるまで混ぜる。牛乳をゆっくり加えながら混ぜ、バニラエッセンスを加え、混ぜ合わせる。

[りんごのソテー]

3 りんごを縦半分に切って2cm幅に切り、芯を取る。
4 強火にかけたフライパンにてんさい糖とバターを入れ、ゴムベラで軽く混ぜ、加熱する。
5 **4**が茶色くなったら**3**のりんごを加え、しんなりするまで炒める。
＊りんごから水分が出ないように強火で
6 スキレットにきれいに**4**を重ねながら並べ[a]、**2**をよく混ぜて流し入れる。
7 仕上げ用のてんさい糖をりんごの上にたっぷりかけ[b]、180℃のオーブンで40分焼く。

これね、皆さん、あたたかいうちにいただくのが良いですよ！

ご褒美スイーツ

皮が気になる方はむいて使ってください。僕は香りがあるので皮がついていたほうが好きです

オーブンで焼く前にてんさい糖をたっぷりかけて！

基本のサブレ

アールグレイの香りが素敵なサブレを紹介します。
大きさは小さくしたり薄くしたり自由にできますが、
ミクニバージョンは1個で大満足のでかいサブレです！ お紅茶とも相性バッチリです！

―――― 材料
約14個分

A　薄力粉 … 150g
　　てんさい糖 … 70g
　　アーモンドパウダー … 50g
　　紅茶(アールグレイ) … 5g

バター（食塩不使用）… 100g
卵 … 1個
てんさい糖(生地にまぶす用) … 適量
薄力粉(打ち粉用) … 適量

―――― 下準備

☐ Aのてんさい糖をミキサーで細かくする。
☐ 紅茶の茶葉が大きければ刻む。
☐ 天板にクッキングシートを敷く。
☐ オーブンを180℃に予熱する。

おすすめの飲み物

ラ クレレット ド ディー メトード アンセストラル
La Clairette de die Méthode Ancestrale

生産者：M.シャプティエ　M.Chapoutier
生産地：フランス、コート デュ ローヌ地方

―――― 作り方

1　フードプロセッサーにAをそれぞれパラパラと入れて撹拌する。

2　1が混ざったら、バターをちぎって入れて撹拌し [a]、途中で卵を加えて撹拌する。
＊バターと卵は使う直前まで冷やしたものを使いましょう
＊卵を入れた後はあまり混ぜないで！

3　フードプロセッサーから2の生地を取り出し、打ち粉をした台にのせ、生地にも打ち粉をする。生地をひとまとめにしてから、棒状にする。

4　バットなどにてんさい糖を敷き、3を転がしながらまぶす [b]。

5　ラップで包んだ4を冷凍庫で30分寝かせたあと、包丁で1cm幅にカットする。

6　天板に、5の生地を並べ、180℃のオーブンで16分ほど焼く。

ご褒美スイーツ

バターはギリギリまで冷蔵庫で冷やしておきましょう。生地は常に冷たく、練らないように！

残ったてんさい糖はほかのお菓子に使ってください。キャラメルなどにするといいと思います

キャラメルマフィン

市販のミルクキャラメルを使って、お手軽に甘〜いマフィンを作ります！
皆さん、これはなかなかおつですよ。冷めたらしっとり濃厚な食感が美味しく、
焼き立て熱々だとキャラメルがトロトロしてグーです！

――― 材料

直径4.3cmマフィン型 約10個分

卵 … 1個
てんさい糖 … 40g
バター（食塩不使用）… 60g
牛乳 … 大さじ1
薄力粉 … 80g
ベーキングパウダー … 3g
塩 … 小さじ1/4
キャラメル（市販品）… 1カップに1個ずつ

――― 下準備

□ バターを湯煎で溶かす。
□ 薄力粉をふるう。
□ オーブンを180℃に予熱する。

おすすめの飲み物

ヤルデン ハイツ ワイン ゲヴェルツトラミネール
Yarden Heights Wine Gewürztraminer

生産者：ゴラン ハイツ ワイナリー
Golan Heights Winery
生産地：イスラエル

――― 作り方

1 ボウルに卵とてんさい糖を入れて混ぜ合わせる。
  ＊あまり神経質にならずザーッと混ぜてOKです

2 溶かしたバターを加え、混ぜ合わせる。
  ＊分離しないように、乳化するようにゆっくり混ぜましょう

3 牛乳、薄力粉、ベーキングパウダーの順に加えて、つど混ぜ合わせる。
  ＊薄力粉は少しずつ加えます

4 塩をパラパラと加え、混ぜ合わせる [a]。
  ＊塩は完全に溶けないくらいにさくっと混ぜましょう

5 型に4を流し入れ、キャラメルを1個ずつ置く [b]。
  ＊型の半分くらいを目安に流し入れます

6 180℃のオーブンで20分焼く。

ご褒美スイーツ

塩は食べたときに全体的に塩味を感じるというより、ときどき塩を感じる食感を狙っています

キャラメルは生地の真ん中に少し押し込みながら置いてみてください

簡単フルーツガレット

生地作りがあっという間にできる、簡単ガレットです。
生地がサクサクでしっかりしているので食べ応えがあります。
アイスクリームなどをのせても美味しいですよ！

―――― 材料
オーブンの天板1枚分

A | 薄力粉 … 180g
  | バター（食塩不使用）… 80g
  | てんさい糖 … 20g
  | 塩 … ひとつまみ

水 … 50mL
カステラ（市販品）… 2切れ
冷凍ミックスベリー … 150g
てんさい糖（仕上げ用）… 15g
バター（食塩不使用、仕上げ用）… 10g
薄力粉（打ち粉用）… 適量

―――― 下準備

☐ ミックスベリーの解凍をはじめる（完全に解凍しなくてよい）。
☐ 天板にクッキングシートを敷く。
☐ オーブンを200℃に予熱する。

おすすめの飲み物

ヴァランタン チュスラン ミュスカ ボーレンベルグ
Valentin Zusslin Muscat "Bollenberg"

生産者：ヴァランタン チュスラン　Valentin Zusslin
生産地：フランス、アルザス地方

―――― 作り方

1. フードプロセッサーにAを入れて撹拌する。
   ＊バターは使う直前まで冷やしてください
2. 粉とバターがサラサラになったら、水を加えて、さらに撹拌する。生地がまとまったら、ひとまとめにしてラップで包み、冷蔵庫で1時間寝かせる。
3. 打ち粉をしたクッキングシートのサイズに合わせて2を伸ばす。
4. カステラをちぎって3にのせ、その上にミックスベリーをのせ、生地の端を持ち上げて内側に折る [a]。
5. 仕上げ用のてんさい糖とちぎったバターを4に散らし、200℃のオーブンで30分焼く [b]。
   ＊15分で一度、焼き加減を見てみてください

フルーツを直接のせると生地が水分を吸うので、カステラを間にはさみます。フルーツの水分をカステラが吸い取り、パイ生地がこんがりと焼けます。冷凍フルーツは果汁ごとのせてください

てんさい糖を散らして焼くと、焼き色がきれいにつきます

ガトーナンテ

フランスのロワール地方でもブルターニュに近い海側のナントの郷土菓子です。
作りたての美味しさから、2日目、3日目とさらにリッチ度が増していく
風味を楽しむのが醍醐味です。

―――― 材料
直径18cmケーキ型1個分

バター（食塩不使用）… 90g
てんさい糖 … 90g
塩 … 小さじ1
アーモンドパウダー … 100g
卵 … 2個
ラム酒 … 40mL
薄力粉 … 30g

[グラサージュ]
粉糖 … 100g
水 … 約大さじ1

バター（食塩不使用、型に塗る用）… 適量
薄力粉（型に塗る用）… 適量

―――― 下準備

□ バターを常温に戻し、ポマード状にする。
□ 型にバターをたっぷり塗って、薄力粉を全体にふりかける。
□ オーブンを180℃に予熱する。

おすすめの飲み物

ラングロワ シャトー コトー デュ レイヨン クラシック
Langlois-Château Côteaux du Layon Classique

生産者：ラングロワ シャトー　Langlois-Château
生産地：フランス、ロワール地方

―――― 作り方

1. ボウルにバターを入れ、てんさい糖と塩、アーモンドパウダーの順に加えつど混ぜ合わせる。
   * ホイッパーで混ぜて、空気をふくませるといいです
   * てんさい糖は溶けにくいので、ハンドミキサーもおすすめです！
2. 卵を溶きほぐし4回に分けて入れ、そのつど混ぜ合わせる。ラム酒を加えゆっくり混ぜ合わせる。
   * 分離させないというのがポイントですよ。1回ずつよく混ぜてください
3. 薄力粉を加え、混ぜ合わせる。
4. 3を型に流し入れ[a]、空気を抜く。生地の表面をならし、180℃のオーブンで30分焼く。

[グラサージュ]
5. 粉糖に水を入れてゴムベラで混ぜる。
6. 4が焼き上がったら生地の粗熱をとり、5を表面に塗る[b]。

ラム酒が好きな方は、焼き上がった生地にたっぷりお酒を染み込ませても。

生地を型に流し入れます。工程1はホイッパーかハンドミキサーでふわふわになるまで頑張って！

グラサージュの表面が乾いてくっつかないようになったら完成です

チョコレートのスフレ

スフレです！ 何度も色んなスフレを作ってきましたが、
小麦粉を使わないで中がしっとりしたスフレにトライしました。
難度高めですが、ぜひ作ってみてください。

―――― 材料

直径10cmのココット3個分

チョコレート … 100g
牛乳 … 100mL
卵黄 … 1個分
コーンスターチ … 5g
卵白 … 2個分(110g)
てんさい糖 … 30g
バター（食塩不使用、型に塗る用）… 適量
てんさい糖（型に塗る用）… 適量

―――― 下準備

□ ココットにバターを2回塗って、てんさい糖をまぶす [a]。
□ オーブンを180℃に予熱する。

おすすめの飲み物

ドン ペーエキス
DON P.X

生産者：ボデガス トロ アルバラ　Bodegas Toro Albalá
生産地：スペイン、アンダルシア地方

―――― 作り方

1　鍋に湯を沸かし、沸騰したら火を止める。チョコレートを割り入れたボウルを鍋に入れ、湯煎で溶かす。

2　鍋に牛乳を入れ、火にかけて温める。
　＊人肌くらいの温度にします

3　別のボウルに卵黄とコーンスターチを入れて混ぜ、**2**を加えて混ぜ合わせる。

4　**3**を鍋に移し、中火にかけてゴムベラで練る。とろみがついたら火からおろす。

5　**1**の半量を**4**に加え混ぜ、なじんだら残りの半量も加え、滑らかになるようしっかり混ぜる。
　＊ここでよーく練り上げます。同じ方向に混ぜて、よーく練り上げるのがコツです！ ちょっと大変ですけれど、この練り方が、結果に現れます

6　ボウルに卵白を入れて泡立て、メレンゲを立てる。途中、てんさい糖を加える [b]。

7　**5**に**6**のメレンゲを混ぜ合わせる。
　＊メレンゲは1/3量ずつ入れ、ふわっと全体と合わせてください

8　**7**をココットに入れ、空気を抜き、180℃のオーブンで13分焼く。

仕上げに粉糖をふると見た目がよりきれいです。

一度バターを塗って冷蔵庫で冷やし固めてから、軽くもう一度バターを塗って、てんさい糖をまぶします

てんさい糖は溶けにくいので頑張って！ ハンドミキサーがおすすめです

キャロットケーキ

チーズのフロスティングがたっぷりで、
クリスマスケーキにもぴったりのキャロットケーキです。アメリカのお菓子ですね。
中のナッツが非常にアクセントになって、かなりリッチな味わいです。

材料

880mLのパウンド型または18cmのスクエア型1個分

[ケーキ]

卵 … 2個
塩 … ひとつまみ
てんさい糖 … 100g
サラダ油 … 80mL (72g)
薄力粉 … 140 g

A | ベーキングパウダー … 小さじ1
　 | シナモンパウダー … 小さじ1
　 | ナツメグパウダー … 小さじ1/2

B | にんじん … 200g (1本)
　 | クルミ (ロースト) … 50g
　 | レーズン … 30g

[チーズのフロスティング]

クリームチーズ … 200g
てんさい糖 … 70g
生クリーム … 50mL
レモン汁 … 小さじ1

下準備

□ クリームチーズを常温に戻す。
□ クルミとレーズンを粗めに切る。
　＊レーズンはそのまま使ってもOK
□ にんじんをおろし金などですりおろす[a]。
□ 薄力粉をふるう。
□ 型にクッキングシートを敷く。
□ オーブンを180℃に予熱する。

作り方

[ケーキ]

1 ボウルに卵と塩を入れて混ぜ、てんさい糖を加え、混ぜ合わせる。
　＊てんさい糖を溶かすようなイメージです

2 サラダ油を少しずつ加えて、混ぜ合わせる。
　＊分離しないように混ぜてください

3 薄力粉を少しずつ加えて混ぜ、**A**も加え、混ぜ合わせる。

4 **B**を加え、ゴムべらで混ぜる。
　＊ツヤが出るまで混ぜるのがポイント

5 型に生地を流し入れ、空気を抜き、180℃のオーブンで40分焼く。
　＊にんじんによって水分量に差があるので、水分が多いにんじんの場合は5〜10分ほど長くオーブンで焼いてみてください

[フロスティング]

6 ボウルにクリームチーズを入れて混ぜ、てんさい糖を加え、混ぜ合わせる。

7 氷水を入れた別のボウルの上に**6**をのせ、生クリームを加えて冷やしながら混ぜる [b]。

8 レモン汁を加え、混ぜ合わせ、ケーキが焼き上がるまで冷蔵庫で冷やす [c]。ケーキが冷めたら上に塗る。

おすすめの飲み物

ベリンジャー カリフォルニア ホワイト ジンファンデル
Beringer California White Zinfandel
生産者：ベリンジャー ヴィンヤーズ
Beringer Vineyards
生産地：アメリカ、カリフォルニア州

にんじんの皮はむいてもむかなくてもOK

氷水にあてて作業しないとクリームがベローっとなってしまいます

焼き上がったケーキが冷めたら、フロスティングを塗って、冷蔵庫で冷やして完成！

クレープ・シュゼット

クレープをたくさん焼いて冷凍しておいて、香りバターも冷凍しておけば、
お好きなときにクレープシュゼットができます。
コアントローがなければラム酒やグランマニエでも、お酒なしでもOK！

---- 材料

直径15cmのスキレット 1個分

[クレープ（作りやすい分量、約14枚分）]

A ┃ 卵 … 1個
　┃ 牛乳 … 165mL
　┃ 薄力粉 … 67g
　┃ てんさい糖 … 13g
　┃ 塩 … 少々

バター（食塩不使用）… 10g

[香りバター（オレンジバター）]

バター（食塩不使用）… 100g
てんさい糖 … 60g
オレンジ（すりおろした皮と果汁）… 1個
コアントロー … 20mL

[クレープ・シュゼット]

クレープ … 4枚
オレンジ（実）… 1個分
香りバター（オレンジバター）… お好みで
コアントロー … お好みで
アイス … お好みで

---- 下準備（香りバター）

☐ バターを常温に戻しポマード状にする。

☐ オレンジの皮をすりおろし、カルチェにカット（P99参照）、残った果肉の果汁を絞る。
　＊皮の白い部分は入れないでください

---- 作り方

[クレープ]

1　ボウルに**A**を入れて混ぜ合わせ、冷蔵庫で1時間ほど寝かせる。

2　フライパンにバターを入れ、中火にかけて溶かして焦がしバターを作り**[a]**、**1**に加え、混ぜ合わせる。

3　お玉1杯分の**2**の生地をフライパンに流し、中火にかけ周りが色づいてきたら、ひっくり返して少し焼く**[b]**。残りの生地も同様に焼く。

[香りバター]

4　香りバターの材料を全部混ぜ合わせる。
　＊液体は少しずつ加えてください

[クレープ・シュゼット]

5　スキレットに、**4**のバターを塗り、四つ折りにしたクレープ4枚、オレンジの実（皮と果汁は香りバターに使用）、**4**のバターの残りをのせる**[c]**。

6　**5**を強火にかけ、スキレットが温まったら、中～弱火でバターを溶かす。溶けたら強火にしてコアントローでフランベして、好みでアイスクリームをのせる。
　＊フランベは危険なのでP8「本書の使い方」を参照してください

おすすめの飲み物

グラン マルニエ コルドン ルージュ
Grand Marnier Cordon Rouge
生産者：マルニエ ラポストル　Marnier Lapostolle
生産地：フランス

焦がしバターを作ったフライパンで、そのままクレープを焼きます

慣れていない人は直径20cmくらいの小さめのフライパンを使うと焼きやすいです

フランベは無理にやる必要ありませんよ。スキレットがなくてもお皿にのせて電子レンジやトースターで温めてもOKです！

ご褒美スイーツ

イチゴのババロア

イチゴが美味しい季節におすすめのデザートです。
フルーツや牛乳を合わせたクリームをゼラチンで固めたお菓子がババロアです。
ムースよりもぷるんとした食感をお楽しみください。

材料
カップ4個分

A
- てんさい糖 … 60g
- 粉ゼラチン … 10g
- 水 … 大さじ2

イチゴ … 400g
生クリーム … 200mL
バンビーニ(ビスケット) … 8本

下準備

☐ 器を冷蔵庫で冷やす。
　＊ババロアが固まるのが早くなります

☐ イチゴのヘタをとる。

おすすめの飲み物

ヤルデン ハイツ ワイン ゲヴェルツトラミネール
Yarden Heights Wine Gewürztraminer

生産者：ゴランハイツワイナリー
生産地：イスラエル

作り方

1. ボウルに**A**を入れて湯煎で溶かし[a]、混ぜ合わせる。
2. ミキサーにイチゴを入れて撹拌し、ピューレになったら取り出してボウルに入れ冷蔵庫で冷やす。
3. **2**に**1**を少しずつ加えて、混ぜ合わせ、冷蔵庫で冷やす。
4. ボウルに生クリームを入れて泡立て7分立てにし[b]、**3**を少しずつ混ぜ合わせる。
   ＊いっぺんに全部入れないでください。最初は全体をよく混ぜ合わせ、最後は空気を入れるように混ぜましょう
5. 器に入れて空気を抜き、冷蔵庫で1〜2時間冷やす。バンビーニを飾る。

鍋に湯を沸かし、沸騰したら弱火にします。材料を入れたボウルを鍋に浮かべ湯煎で溶かす

これ以上混ぜると分離してきます

豪華スイーツレシピ

定番スイーツから
見たことがないお菓子まで

- ・焼き菓子
- ・クラフティ
- ・ケーキ
- ・パイ・タルト
- ・冷たいお菓子
- ・アイス

- ・パンのお菓子
- ・フルーツのお菓子
- ・みんなの好きなおやつ
- ・チョコレート
- ・揚げるおやつ
- ・息抜きレシピ

ポルボロン

伝統的なスペインのお菓子で、口に入れるとほろほろと崩れる素朴なクッキーです。
小麦粉を炒ることでグルテンが切れて粘り気が出なくなり
崩れるような食感が生まれます。

―――― 材料
15～20個分

薄力粉 … 200g
アーモンドプードル … 60g
てんさい糖 … 60g
ラード … 100g
粉糖(仕上げ用) … 適量
薄力粉(打ち粉用) … 適量

―――― 下準備
□ 天板にクッキングシートを敷く。
□ オーブンを190℃に予熱する。

おすすめの飲み物

コミュナール
Communard

生産地:フランス、ブルゴーニュ地方
*ピノノワール3:クレームドカシス1で作るカクテル

―――― 作り方

1 フライパンに薄力粉を入れて中火にかけ、ほんのり色づくまで炒る。火を止めて粗熱をとる [a]。
   *あまり火を強くしないでください。温まると一気に焼き色がついてくるので注意です

2 ボウルに**1**を入れ、アーモンドプードルとてんさい糖を加えて混ぜ合わせる。

3 **2**の真ん中に穴をあけるようにしてラードを入れて混ぜ、ひとまとめにする。ボウルごと冷蔵庫に入れ、30分～1時間ほど寝かせる。
   *温かいとラードが溶けちゃいますので注意しましょう。最初はゴムベラで混ぜて、ラードと粉がなじんだら手でよーく練ってください

4 打ち粉をして、**3**を厚さ5mmほどに伸ばし、直径5cmほどのセルクルなどで抜き [b]、天板に並べる。
   *結構ボロボロになります

5 190℃のオーブンで10～15分焼く [c]。焼き上がったら粗熱をとり、粉糖を茶こしに入れてふりかける。

焼き立てはまだやわらかいですが、冷ますとパリッパリになります。

火を止めてから余熱でパラパラさせましょう。小麦粉を炒るほど崩れやすくなるのでお好みの加減で

抜き型がなければ、グラスの縁などで抜いてください

崩れやすいのでヘラなどに乗せて天板に並べてみて

アメリカンビスケット

サクサクしていて美味しい、アメリカのお菓子です。
アメリカのレシピではバターミルクを使いますが、
日本では入手しにくいのでスーパーで手に入る食材で作りました。

── 材料

4〜7個分

A
薄力粉 … 200g
てんさい糖 … 30g
ベーキングパウダー … 6g
塩 … 3g（小さじ1/2）

バター（食塩不使用）… 50g
生クリーム … 100mL
薄力粉（打ち粉用）… 適量
牛乳（はけで塗る用）… 少々

── 下準備

□ バターを小さく切る。
□ 材料をすべて冷蔵庫で冷やす。
□ フードプロセッサーのカップ部分も冷蔵庫で冷やす。
□ 天板にクッキングシートを敷く。
□ オーブンを200℃に予熱する。

おすすめの飲み物

ウイスキー コーク
Whisky and Coke

＊ウイスキー1：コカ・コーラ4で作るカクテル

── 作り方

1 フードプロセッサーに**A**を入れて撹拌し、よく混ざったらバターを加えて撹拌する。
　＊バターが溶けないようにすべて冷やしておきましょう

2 生クリームを加えて2回転くらい撹拌し、クッキングシートの上に生地を取り出し、手でこねながらひとつにまとめる [a]。

3 台に打ち粉をして**2**を12cm×12cmほどの大きさに麺棒で伸ばし、ラップに包み、冷蔵庫で1日寝かせる [b]。

4 直径5cmの型で**3**の生地を抜き [c]、天板に並べて牛乳を表面に塗り、200℃のオーブンで20分焼く。
　＊牛乳は表面が乾燥しないように塗ります
　＊丸い抜き型がない場合は、包丁で四角や三角にカットしても

ちぎってはちみつをつけて召し上がってください。メープルシロップや、お好みのジャムと一緒に食べていただくのもけっこうだと思います。

けっこうまとめるのに時間がかかります

台と生地に打ち粉をします

4個分抜きます。抜いて余った生地はまたまとめて使ってください

クロカンオザマンド

バターは使わずアーモンドたっぷり、
二度焼きの硬さが美味しいクッキーです。
南フランス、イタリア、北アフリカなどでよく作られています。

────── 材料

16個分

卵 … 1個
てんさい糖 … 40g
薄力粉 … 100g
アーモンドパウダー … 30g
アーモンド(食塩不使用) … 80g
バニラエッセンス … 数滴
卵黄 … 1個分
薄力粉(打ち粉用) … 適量

────── 下準備

□ 薄力粉をふるう。
□ 天板にクッキングシートを敷く。
□ オーブンを180℃に予熱する。

おすすめの飲み物

シャトー ド リコー ルピアック
Château de Ricaud Loupiac

生産者：シャトー ド リコー　Château de Ricaud
生産地：フランス、ボルドー地方

────── 作り方

1　ボウルに卵、てんさい糖を入れて混ぜ合わせる。
2　薄力粉、アーモンドパウダーを加えて混ぜ、アーモンド、バニラエッセンスを加えて混ぜ合わせる。
3　台に打ち粉をして、**2**をのせて2等分し、それぞれ棒状にする [a]。
  ＊手にも打ち粉をしてください
4　卵黄を塗り [b]、180℃のオーブンで15分焼く。焼けたら一度取り出し、オーブンを160℃に設定し直す。
5　**4**を1.5cmの厚さの斜め切りにし [c]、断面が上になるように天板に並べて、160℃のオーブンで10分焼く。
  ＊断面を上にしてカリカリに焼き上げます

硬いので食後のエスプレッソコーヒーや、食後酒に浸して食べるのもおつです。湿気った場合は、低温のオーブンで焼き直すと、またカリッと復活します！

焼き菓子

手にくっつくので、打ち粉をしっかりつけてください

卵黄をたっぷり塗りましょう

熱いので少し冷ますか、キッチンペーパーなどで押さえて切ってください

レモン味のショートブレッド

ショートブレッドがなかなかうまくいかないというコメントをいただいたので、失敗しない作り方を紹介します。バターとレモンの香りが最高の、きっとうまくいく作り方です。

―――― 材料

13〜15個分

バター（食塩不使用）… 100g
てんさい糖 … 40g
塩 … ふたつまみ
レモン（すりおろした皮・果汁）… 1/2個
米粉 … 125g
＊米粉はグルテンフリーです

―――― 下準備

□ バターを常温に戻し、ポマード状にする。
□ 天板にクッキングシートを敷く。
□ オーブンを180℃に予熱する。

おすすめの飲み物

ヴァルドッビアーデネ プロセッコ
スペリオーレ リーヴェ ディ
サン ピエトロ ディ バルボッザ
Valdobbiadene Prosecco Superiore Rive di
San Pietro di Barbozza

生産者：ヴァル ドッカ　Val D'oca
生産地：イタリア、ヴェネト州

―――― 作り方

1. ボウルにバターを入れ、てんさい糖と塩を加えて混ぜ合わせる [a]。
   ＊夏はすぐポマード状になりますが、寒くなると時間がかかりますね。よーく混ぜるのがポイント

2. レモンの皮をすりおろして1に加え、レモンの果汁を絞って小さじ1加えて混ぜ合わせる。[b]
   ＊レモンの皮は香りづけにたっぷり入れます
   ＊レモン汁を入れることで生地が緩くなるので、このあと加える米粉が混ざりやすくなります

3. 米粉を2〜3回に分けて2に加えて混ぜ、生地をよく練る。小さく丸めてバットに並べ、ラップをして冷蔵庫で15分寝かせる [c]。
   ＊小麦粉を使うと練っていくうちに硬くなるのですが、米粉はグルテンが入っていないので、練っても硬くならずしっかり混ざるので失敗しにくいです
   ＊13〜15個程度に分けて丸めてください

4. 丸めた生地を潰し、フォークで穴を開け [d]、180℃のオーブンで20分焼く。

a　バターをやわらかくします

b　レモンの皮の白い部分は苦いので避けて、黄色い部分のみ使います

c　冷蔵庫で冷やしてバターを固めます。冷やしすぎると割れてしまうので様子を見て

d　手の平で潰して、フォークで穴を開けます

ビスキュイ サレ

おつまみにぴったりな、しょっぱいクッキーです。
サレというのは塩という意味で、
特に、夏のアペリティフにぴったりですよ！

—— 材料

23〜25個分

薄力粉 … 80g
バター（食塩不使用）… 40g

A
- 卵 … 1個
- 粉チーズ … 25g
- ミックスナッツ … 20g
- ドライサラミ … 20g
- 塩 … ふたつまみ
- こしょう … 少々

タイム、ローズマリー … 適量
オリーブオイル … 適量

—— 下準備

☐ バターを小さく切り、冷蔵庫で冷やす。
☐ 天板にクッキングシートを敷く。
☐ オーブンを180℃に予熱する。

おすすめの飲み物

ポル ロジェ ブリュット レゼルヴ
Pol Roger Brut Réserve

生産地：フランス、シャンパーニュ地方

—— 作り方

1 フードプロセッサーに薄力粉とバターを入れて撹拌し、混ざったら **A** をすべて加えて撹拌する。
   * いろいろな材料が入っているので、サラミが細かくなり全体がまとまるまで長めに回してください

2 クッキングシートの上に、**1**をティースプーンですくってゴロっと並べる [a]。

3 タイムとローズマリーの葉にオリーブオイルを絡めて、**2**にのせ [b]、180℃のオーブンで15分焼く。
   * ローズマリーとタイムはそのままのせると焼く時に焦げますが、オリーブオイルをまぶすと焦げません。ローズマリーは香りが強いので、ちょこっと上にのせる程度で良いと思います

ティースプーン1杯くらいが1個分です

ローズマリーは枝をパラパラ分けて、タイムは上から下にしごいて葉を分けます

チュイルクッキー

このクッキーは、作り方が本当に簡単！
フランスの子どもたちはこのクッキーに
アイスクリームを添えたりします。

―――― 材料

12個分

バター(食塩不使用) … 30g
てんさい糖 … 30g
薄力粉 … 30g
オレンジジュース … 8g
アーモンドダイス … 30g

＊ふつうはスライスアーモンドを使いますが今回は
作りやすいようにアーモンドダイスを使います

―――― 下準備

□ バターを常温に戻し、ポマード状にする。
□ 薄力粉をふるう。
□ 天板にクッキングシートを敷く。
□ オーブンを180℃に予熱する。

おすすめの飲み物

ミモザ
Mimosa

＊シャンパン2：オレンジジュース1で作るカクテル

―――― 作り方

1 ボウルにバターを入れて、てんさい糖を加えて混ぜ合わせる。

2 薄力粉を加えて混ぜ、オレンジジュースを加えてさらに混ぜる。

3 よくなじんだら、アーモンドダイスを加えて混ぜ合わせる。

4 クッキングシートの上に、3をスプーンで落とし [a]、180℃のオーブンで8分焼く。
　＊生地が余ったら2回目を焼きましょう

5 焼き上がったらやわらかいうちに麺棒にのせてカーブを作り [b]、冷まして固める。
　＊焼きたてはまだ生地がやわらかいので、ほんの数秒ほど冷ましてから丸い麺棒にのせて形を作ります。冷ましすぎると丸まりにくくなるので早めに！

焼くとひとりでに広がっていくので間隔をあけて並べてください

完全に冷ますとさらにパリパリになります

チーズサブレ

黒こしょう風味で、香りのいいチーズサブレです。
冷蔵庫で寝かせず、すぐ焼くので簡単です。
午後のちょっとしたおやつに作ってみてください。

―――― 材料

7〜10個分

A
- 薄力粉 … 100g
- 粉チーズ … 35g
- てんさい糖 … 20g
- 粗挽き黒こしょう … 1g（小さじ1/2）

バター（食塩不使用）… 60g
卵黄＋水 … 25mL
薄力粉（打ち粉用）… 適量

―――― 下準備

☐ バターを小さく切り、冷蔵庫で冷やす。
☐ フードプロセッサーのカップ部分も冷蔵庫で冷やす。
☐ 天板にクッキングシートを敷く。
☐ オーブンを180℃に予熱する。

おすすめの飲み物

エンブレム ブリュット
Emblem Brut
生産者：マイケル モンダヴィ ファミリー エステイト
Michael Mondavi Family Estate
生産地：アメリカ、カリフォルニア州

―――― 作り方

1. フードプロセッサーに**A**を入れて、撹拌して混ぜ合わせる。

2. バター、卵黄と水を加えてさらに撹拌し、ひとまとめにする。打ち粉をした台に取り出し、棒状にまとめて[a]、1.5cm幅くらいに切って、形を整える[b]。
   ＊寝かせないで焼くのは簡単でいいですよね

3. 天板に並べ、180℃のオーブンで20分焼く。
   ＊黒こしょうの辛みがきいているので、お子様が召し上がる際は、黒こしょうは抜いて作ってみてください

僕は大胆に大きく作りましたが、お上品に半分くらいのサイズでも。その場合は焼き時間は様子を見てください。混ぜ込むチーズによっていろいろな味が楽しめるので、お好きなチーズでどうぞ。

a

太めの棒状にまとめました

b

包丁で押さえたりして形を整えて焼きます

焼き菓子

ブラウニー

ブラウニーというのは、アメリカ生まれの
チョコレート風味の焼き菓子です。
熱々でも冷めても美味しく、簡単に作れます！

―――― 材料
容量60mLシリコンカップ6個分

バター（食塩不使用）… 55g
グラニュー糖 … 65g
卵 … 1個
薄力粉 … 25g
ベーキングパウダー … 1.5g
チョコレート … 50g
クルミ … 45g

＊ビターチョコレートでもクランキーチョコレートでも、お好みのものを使ってみてください

―――― 下準備

□ バターを常温に戻し、ポマード状にする。
□ チョコレートを湯煎で溶かす。
□ クルミをちょっと大きめに刻む [a]。
□ 薄力粉とベーキングパウダーを合わせてふるう。
□ オーブンを170℃に予熱する。

―――― 作り方

1 ボウルにバターを入れて、グラニュー糖を加えて混ぜ合わせる。
2 卵を溶きほぐし、ゆっくり少しずつ加えて混ぜ合わせる。
3 合わせた薄力粉とベーキングパウダーを少しずつ加えて混ぜ合わせる。
4 溶かしたチョコレート、クルミを加えて混ぜ合わせる。
5 シリコンカップ等の型に **4** を入れて、170℃のオーブンで15分焼く。

> **おすすめの飲み物**

コニャック ヘネシー ベリー スペシャル
Cognac Hennessy V.S.

生産者：ヘネシー　Hennessy
生産地：フランス、コニャック地方

焼き菓子

チョコレートを湯煎で溶かす

1 鍋やフライパンに湯を沸かし、火を止める。
2 チョコレートを割り入れたボウルを **1** に置き、混ぜながらチョコレートを溶かす。

クルミは、少し大きめに刻みます

栗のマドレーヌ

栗とバターの香りが最高のマドレーヌです。
栗が入っていて焦がしバターが効いています。
栗のコンフィに使用したバターを、なければ普通のバターを使って作ってみてください。

―――― 材料

約14個分

[栗のコンフィ（作りやすい分量）]

生栗 … 10個
バター（食塩不使用）… 150g
塩 … 小さじ1/4
バニラビーンズ … 1/2本

[栗のマドレーヌ]

栗のコンフィで使ったバター … 110g
（足りないときはバター（食塩不使用）を足す）
またはバター（食塩不使用）110g

A ｜ 卵 … 110g（約2個分）
　｜ 牛乳 … 60mL
　｜ はちみつ … 30g

てんさい糖 … 130g

B ｜ 薄力粉 … 140g
　｜ ベーキングパウダー … 12g

栗のコンフィまたは甘栗（市販品）… 約14個

―――― 下準備

□ 栗のコンフィを使用する場合、栗のコンフィを作る。
□ 薄力粉とベーキングパウダーを合わせてふるう。
□ オーブンを190℃に予熱する。

おすすめの飲み物

エステバン ラ コンブ ピラット ブリュット ナチュール
Esteban La Combe Pilate Brut Nature

生産者：Mシャプティエ　M. Chapoutier
生産地：フランス

―――― 作り方

[栗のコンフィ]

1　栗に切り込みを入れ、沸騰した湯に30分浸す。
2　包丁で栗の皮をむき、ペーパータオルなどにのせて完全に水けをきる [a]。
3　鍋に材料をすべて入れて、ひと煮立ちさせる。極弱火にしてアルミ箔で落としぶたをして [b]、鍋の蓋もして45分煮る。火を止めて冷ます。
　＊鍋に残ったバターはマドレーヌに使いましょう

[栗のマドレーヌ]

4　鍋にバターを入れて溶かし、温度が40℃以下になるまで冷ます。
5　ボウルに A を入れてよく混ぜ、てんさい糖を加えて混ぜる。
6　5に B を少しずつ加えて混ぜ合わせる。
7　4が40℃以下になっていることを確認し、6に加えて混ぜ合わせる。
　＊溶かしバターが熱いとベーキングパウダーと反応してしまうので、40℃以下になるまで冷ましておきましょう
8　マドレーヌカップなどに生地を流し入れ、栗のコンフィ（または甘栗）を1個ずつのせ、190℃のオーブンで17分焼く。

栗の渋皮を残して皮をむきましょう

アルミ箔に穴をあけてください。落としぶたをすることで少ないバターで作れます

シュケット

これは甘いシューです。
語尾にケットがついていると「かわいい」という意味になります。
フランスでは、パン屋さんで、よく売られています。

――― 材料

32個分

A ｜ 薄力粉 … 70g
　　｜ てんさい糖 … 小さじ1
　　｜ 塩 … ひとつまみ

牛乳 … 30mL
水 … 90mL
バター（食塩不使用）… 50g
卵 … 2個
卵黄（仕上げに塗る用）… 1個
水（仕上げに塗る用）… 小さじ1
ワッフルシュガー（パールシュガー）… 適量

――― 下準備

□ 薄力粉をふるう。
□ ボウルで卵黄と水を混ぜ合わせる。
　＊フォークで混ぜると混ぜやすいです
□ 天板にクッキングシートを敷く。
□ オーブンを180℃に予熱する。

おすすめの飲み物

クレマン デュ ジュラ ブリュット
Crémant du Jura Brut

生産者：モンブルジョー　Montbourgeau
生産地：フランス、ジュラ地方

――― 作り方

1　ボウルに**A**を入れ、混ぜ合わせる。
2　鍋に牛乳、水、バターを入れて中火にかけ、バターを溶かし、沸騰したら、火を止める。
3　**2**の鍋に**1**を数回に分けて加えて混ぜ、混ざったら、もう一度弱火にかけながら練る。薄力粉に火が入ったら火を止め、ボウルに移す。
　＊火加減注意です。かなり弱火で
　＊ダマを潰しヘラで混ぜてよく練ってください
4　卵を溶きほぐし、**3**に数回に分けて加え、混ぜ合わせる [a]。
　＊鍋に入れたままだと温度が高くなり失敗しやすいので、鍋から一度ボウルに生地を移してから、溶いた卵を入れます
　＊すくった生地がスムーズに落ちる硬さを目安に卵の量を調整してください
5　**4**を絞り袋に入れて、直径3cmほどに絞る [b]。
6　絞った生地の表面に水で溶いた卵黄を塗り、ワッフルシュガーをたっぷりふって、180℃のオーブンで20〜30分焼く [c]。
　＊途中で開けるとしぼむので、開けずに焼き色チェックを！

やわらかさを求めて薄力粉で焼きました。強力粉でも大丈夫です。シュケットを使って作るスイーツ「プロフィットロール」を次のページで紹介します。

最初はヘラで卵を混ぜ、卵がなじんだらホイッパーに替えると混ざりやすいです

絞り袋は100円均一ショップなどに売っています

焼いている途中でオーブンは開けないで！

プロフィットロール

プロフィットロールはシューにいろいろなものを詰めます。今回はアイスクリームを詰めてチョコレートをかけます。このように上に積んでいくやり方をピエモンテと言います。

――― 材料

作りやすい分量

シュケット（P40参照、ワッフルシュガーなし）
　… 食べたいだけ
バニラアイス … 適量
クレームシャンティ … 適量

[クレームシャンティ（作りやすい分量）]

生クリーム … 100mL
てんさい糖 … 10g
　＊純正生クリーム47％がいちばんホイップクリームに向いています。

[チョコレートソース（作りやすい分量）]

チョコレート … 100g
牛乳 … 50mL
バター（食塩不使用）… 10g

――― 下準備

□ シュケットを作る。
　＊ワッフルシュガーをふらずに焼いてください

おすすめの飲み物

ビラ オー バニュルス リマージュ
Bila-Haut Banyuls Rimage

生産者：M.シャプティエ　M. Chapoutier
生産地：フランス、ルーション地方

――― 作り方

[クレームシャンティ]

1　ボウルに生クリームとてんさい糖を入れて、泡立てる [a]。
　＊生クリームを泡立てすぎると分離してしまいます。氷水を入れたボウルにつけてリズミカルに泡立ててください

[チョコレートソース]

2　鍋に牛乳を入れ、中火にかけて沸騰させる。

3　鍋に湯を沸かし、割ったチョコレートと2を入れたボウルを入れて混ぜながら、湯煎にかける。チョコレートが溶けたら湯煎をはずし、バターを入れて混ぜ、艶を出す。

4　シュケットに切り込みを入れて [b]、アイスをはさむ。

5　器に4を重ねて盛り、1を絞り袋に入れて隙間に絞り [c]、3のチョコレートソースを好きなだけかける。

これは失敗例。粒ができ、分離して固くなりすぎています

クリームの線が崩れない形になったときが、角が立っている状態（OK）です

シュケットは横半分に切り込みを入れます

シュケットを重ね、隙間にクレームシャンティを絞ります

りんごのクラフティ

クラフティは、ケーキというよりも、クレープ生地くらいにゆるいアパレイユでフルーツを焼く温かいデザートです。アメリカンチェリーで作るクラフティが知られていますが、ここではりんごを使ったものを。

―――― 材料
約15cmグラタン皿4個分

りんご … 2個
レモン(すりおろした皮・果汁) … 1個
A ┃ ドライレーズン … スプーン2杯
  ┃ シナモン(パウダー) … 少々
  ┃ てんさい糖 … 10g

[アパレイユ]
卵 … 2個
てんさい糖 … 50g
薄力粉 … 60g
牛乳 … 100mL
生クリーム … 100mL

バター(食塩不使用、型に塗る用・仕上げ用)
… 50g

―――― 下準備

□ りんごは皮をむき、8等分し、2cm幅くらいに切る。
□ 薄力粉をふるう。
□ グラタン皿にバター(50gのうち適量)を塗る。
□ オーブンは180℃に予熱する。
  * バターは丁寧に塗らなくても溶けるので全体にべちょっと塗ってOK
  * りんごは本来は皮つきで作ることが多く、僕も皮つき派ですが、今回はむきます。皮を捨てないで刻んで何かのデザートに使ってくださいね

おすすめの飲み物

ノクターン スリーヴァー ロゼ
Nocturne Sleever Rosé
生産者：テタンジェ　Taittinger
生産地：フランス、シャンパーニュ地方

―――― 作り方

1 ボウルに切ったりんごを入れ、レモンの皮をすりおろして加え、果汁を絞って加える [a]。Aを入れ、マリネする。
  * ドライレーズンは本来は戻すのですが、オーブンで焼くとふやけるのでそのまま使ってください

2 グラタン皿に1を敷く。

[アパレイユ]

3 ボウルに卵とてんさい糖を入れて混ぜ、薄力粉を加えてゆっくり混ぜる。

4 牛乳、生クリームを加えて混ぜ合わせる。

5 4を2に流し入れ、バターをちぎってのせて、180℃のオーブンで40～50分焼く [b]。

スパイスやレモンで自分好みにアレンジ自由です。洋梨や柿を混ぜてもいいですね！　大人向けにドライレーズンをラム酒で戻して使っても。

レモンでりんごの色止めをします。種が入ったら取り除いて

焼き始めて30分後くらいから、焼き加減を見てください

アメリカンチェリーのクラフティ

さくらんぼで作るフランスの伝統菓子です。
主に種が入っているチェリーで作る
クラフティの基本です。

―――― 材料
約18cmグラタン皿2個分

アメリカンチェリー … 300g

[アパレイユ]
卵 … 2個
塩 … ひとつまみ
バニラエッセンス … 少々
薄力粉 … 60g
グラニュー糖 … 50g
牛乳 … 200mL
生クリーム … 100mL

バター（食塩不使用、型に塗る用）… 適量

―――― 下準備

☐ アメリカンチェリーの枝を取り、種が気に
　なる場合は半分に切って種を取り除く。
☐ 薄力粉をふるう。
☐ グラタン皿にバターを塗る。
☐ オーブンを180℃に予熱する。

おすすめの飲み物

オー ド ヴィー ド キルシュ ヴュー
Eau de Vie de Kirsch Vieux

生産者：マスネ　Massenez
生産地：フランス、アルザス地方

―――― 作り方

[アパレイユ]

1　ボウルに卵と塩を入れて混ぜ、バニラエッセンスを加え
　　て混ぜ合わせる。

2　薄力粉、グラニュー糖、牛乳、生クリームの順に加え、
　　つど混ぜ合わせる。
　　＊薄力粉はダマにならないよう少しずつ混ぜて、牛乳は半分ずつ
　　　入れてみてください

3　グラタン皿にアメリカンチェリーを並べ [a]、2を流し
　　入れ [b]、180℃のオーブンで20分焼く。

常温に冷ましてから冷蔵庫に入れて冷やして食べます
が、熱々をいただくのもいいですね！

バターは容器全体に雑に塗って
OKです

オーブンに入れて10分後くらい
に一度様子をみてください

チョコチェリークラフティ

アメリカンチェリーとチョコレートを
贅沢に使ったクラフティです。
たっぷり作ってお楽しみください。

―――― 材料
直径20cmスキレット1個分

アメリカンチェリー … 300g

[アパレイユ]

卵 … 2個
てんさい糖 … 60g
薄力粉 … 30g
アーモンドパウダー … 30g
板チョコレート … 1枚(50g)
生クリーム … 100mL
牛乳 … 50mL

バター(食塩不使用、型に塗る用) … 10g
てんさい糖(型に塗る用) … 15g
バター(食塩不使用、仕上げ用) … 20g
ココア(仕上げ用) … 適量

―――― 下準備

☐ スキレットにバターを塗り、てんさい糖をまぶす [a]。
☐ 板チョコレートを湯煎で溶かす。
☐ 薄力粉をふるう。
☐ オーブンを180℃に予熱する。

おすすめの飲み物

クレマン ド リムー ロゼ ブリュット レゼルヴ
Crémant de Limoux Rosé Brut Réserve

生産者：エシュ エ バニエ　Hecht & Bannier
生産地：フランス、ラングドック地方

―――― 作り方

[アパレイユ]

1. ボウルに卵、てんさい糖を入れて、よく混ぜ合わせる。薄力粉、アーモンドパウダーを加えて混ぜる。
2. 溶かした板チョコレートを加えて混ぜ、生クリーム、牛乳を混ぜ合わせる。
   ＊ダマができないようによく混ぜましょう
3. スキレットにアメリカンチェリーを並べ、2を流し入れる。バターをちぎってのせる [b]。
   ＊お肉でも、お魚でも、骨付きで焼くと骨から香りが出ます。果物も一緒で、種ごと焼くと甘みが一緒に焼けて、アメリカンチェリーの味が出るんです
4. 180℃のオーブンで30分焼く。仕上げにココアをふる。

熱々を食べるのもよし、翌日、冷めてしっとりしたものを食べるのもよし！

a　バターを塗っておくとてんさい糖がくっつきやすくなります

b　オーブンで焼く際、滑り止めにくしゃくしゃにしたアルミ箔を敷いています。なくても大丈夫です

パイナップルのクラフティ

クラフティといえば「さくらんぼ」ですが、今回はパイナップルで！
パイナップルのキャラメリゼができれば、
あとは生地を混ぜて焼くだけです。

------ 材料

1Lグラタン皿1個分(4人分)

パイナップル … 300g
てんさい糖 … 50g
ラム酒 … 30mL

[アパレイユ]

卵 … 3個
てんさい糖 … 60g
塩 … ひとつまみ
薄力粉 … 40g
牛乳 … 300mL

バター(食塩不使用) … 30g
ココナッツファイン … 20g
バター(食塩不使用、型に塗る用) … 10g
てんさい糖(型に塗る用) … 10g

------ 下準備

□ 薄力粉をふるう。
□ グラタン皿にバターを塗り、てんさい糖を
　まぶす。
□ オーブンを200℃に予熱する。

------ 作り方

1　パイナップルは皮をむき [a]、1cm幅くらいに切る。
　　＊中央の芯の部分を切り落としてから切ってください

2　フライパンにてんさい糖を入れ、強火にかけ、動かさず
　　そのまま待つ。焦げる寸前にパイナップルを入れて炒め
　　る [b]。
　　＊フライパンを温めておくと早く加熱できます

3　ラム酒を入れて香りをつけ、パイナップルを皿などに取
　　り出して粗熱をとる。
　　＊パイナップルが熟れている場合は炒める時間は短くてOKです
　　＊パイナップルから水分が出ますが、もし煮詰まって水分が足り
　　　ないときは水を少し足してください
　　＊キャラメルの塊が残っていてもオーブンで焼くので大丈夫です

[アパレイユ]

4　ボウルに卵を入れて混ぜ、てんさい糖、塩、薄力粉を順
　　に加えてそのつど混ぜ合わせる。よく混ざったら、最後
　　に牛乳を入れて混ぜる。

5　グラタン皿に3を敷き、上から4を流し込む。

6　バターを1cm角程度に切り、5の上にのせ、200℃のオ
　　ーブンで20分焼く。

7　6を取り出して、上にココナッツファインをふり [c]、
　　さらにオーブンで10分焼く。

おすすめの飲み物

シャトー コサード
Château Caussade

生産者：シャトー コサード　Château Caussade
生産地：フランス、ボルドー地方

パイナップルの頭とお尻の部分を
切り落とし、立てて皮の部分を切
り、4等分します

てんさい糖を入れたらフライパン
は動かさずそのまま加熱し、焦げ
る寸前にパイナップルを入れます

ココナッツは全体にふります

チョコレートクラフティ

基本のさくらんぼのクラフティをチョコレートで！
種付きのさくらんぼのイメージで
アーモンドチョコレートをたっぷり使いました。

―――― 材料
約15cmグラタン皿2個分

A　｜　卵 … 1個
　　｜　牛乳 … 100mL
　　｜　生クリーム … 50mL
　　｜　薄力粉 … 30g
　　｜　てんさい糖 … 30g

アーモンドチョコレート(粒状) … 1箱(79g)
ドライフルーツ(パイナップルなど) … お好みで
バター(食塩不使用、塗る用＋散らす用) … 適量
粉糖(仕上げ用) … お好みで
＊今回は酸味がほしかったのでパイナップルを入れてみました

―――― 下準備

☐ ドライフルーツは小さめに切る。
☐ 薄力粉をふるう。
☐ グラタン皿にバターを塗る。
☐ オーブンを180℃に予熱する。

―――― 作り方

1　ボウルに A を入れて混ぜ合わせる。
2　グラタン皿に 1 を流し入れる [a]。アーモンドチョコレート、ドライフルーツを沈めて、上からバターを散らす [b]。
3　180℃のオーブンで25分焼き、焼き上がったら粗熱をとり、粉糖をかける。

パイナップルの他、ドライフルーツのクランベリーもクラフティに合うと思います。

　おすすめの飲み物　

ヴァン ロヴェレン アフリカン ジャバ ピノタージュ
Van Loveren African Java Pinotage

生産者：ヴァン ロヴェレン　Van Loveren
生産地：南アフリカ、ケープ州

クラフティ

アパレイユをグラタン皿に流し込れます

バターをちぎってのせます

三國流モンブラン

市販品を上手に使ってモンブランを作ります。
サクサクのメレンゲに香りをつけたクレームシャンティと、栗風味のクリーム。
これを、おうちで簡単に再現しちゃいます。

―――― 材料

4個分程度

[モンブラン]

マロンクリーム(市販品) … 200g
バター(食塩不使用) … 30g
生クリーム … 100mL
芋焼酎 … 10mL
ブールドネージュ(市販品)* … お好みで
甘栗(飾り用) … お好みで

*ブールドネージュがないときは、手作りのメレンゲクッキーで。

[メレンゲクッキー(作りやすい分量)]

卵白 … 2個分
てんさい糖 … 50g

―――― 下準備

☐ バターを常温に戻し、ポマード状にする。
☐ ブールドネージュを食べやすく砕く。
☐ ブールドネージュを使わない場合、メレンゲクッキーを作るため、オーブンを100℃に予熱する。

おすすめの飲み物

フランジェリコ
Frangelico

生産者：バルベロ　Barbero
生産地：イタリア、ピエモンテ

―――― 作り方

[メレンゲクッキー(ブールドネージュを使う場合は不要)]

1 ボウルに卵白を入れて泡立て、途中でてんさい糖を2回に分けて加え、メレンゲを立てる。天板にオーブン用シートを敷き、メレンゲを平たく丸く絞り、100℃のオーブンで1時間焼く。

＊絞った大きさによって焼き時間を調整してください

[モンブラン]

2 ボウルにマロンクリーム、バターを入れて混ぜる。ゆるいようだったら生クリームを立てている間、冷蔵庫に入れておく。

＊クリームが緩いと絞りにくいので冷やしますが、冷蔵庫に入れすぎると固くなり絞りにくくなるので注意しましょう

3 別のボウルに生クリームを入れて泡立てる。立ててから芋焼酎を混ぜ合わせる。

＊焼酎ではなくブランデーでも。子ども用にはアルコールは抜いて大丈夫です
＊砂糖なしにしていますが、お好みで砂糖を入れてください

4 皿に砕いたブールドネージュを置き [a]、その上に**3**をスプーンでのせ [b]、さらにその上に**2**のクリームを絞り袋に入れて絞り、飾りの甘栗をのせる。

＊メレンゲクッキーを使う場合は、ブールドネージュのかわりに**1**のメレンゲクッキーを置いてください [c]
＊マロンクリームは甘いものと甘くないものがあるので、甘さは好みで調整してください

ブールドネージュは砕きすぎず、形が残っている程度にしました

ホイップクリームは好きな量をのせてください

メレンゲクッキー、生クリームの上にさらにメレンゲクッキー、生クリームと層を作るとモンブランの高さを出すことができます

フォンダンショコラ

サクサクでトロッとした最高に贅沢な配合のフォンダンショコラを、
板チョコで濃厚に作ります。
柑橘はオレンジ系がおすすめです。でき立ての熱々も、冷めても美味しいデザートです。

──── 材料

250mLココット1個分（1〜2人分）

ビターチョコレート … 50g
バター（食塩不使用）… 50g
A ｜ 卵 … 1個
　｜ てんさい糖 … 30g
　｜ 柑橘の皮（すりおろし）… 1/4個分
薄力粉 … 15g
バター（食塩不使用、型に塗る用）… 適量
粉糖（仕上げ用）… 適量

＊チョコレートは市販の板チョコレートを1枚、柑橘は今回はポンカンの皮を使いました

──── 下準備

☐ 薄力粉をふるう。

☐ ココットにバターを塗り、クッキングシート（6cm×12cm 2枚、6cm×24cm 1枚）を敷く [a]。

☐ オーブンを180℃に予熱する。

おすすめの飲み物

ドメーヌ デ シェーヌ リヴザルト チュイレ
Domaine des Chênes Rivesaltes Tuilé

生産者：ドメーヌ デ シェーヌ　Domaine des Chênes
生産地：フランス、ルーション地方

──── 作り方

1. 鍋に湯を沸かし、沸騰したら火を止める。割ったチョコレートとバターを入れたボウルを鍋に入れ、湯煎で溶かし、混ぜ合わせる。
   ＊じゅわーっとゆっくり、混ぜながら溶かすのがコツです
2. 別のボウルにAを入れて混ぜ合わせる。
3. 2に1を加えて混ぜ、薄力粉を加えて混ぜ合わせる。
4. 型に3を流し入れ [b]、180℃のオーブンで18分焼く。オーブンから出して少し休ませて型から取り出し、粉糖をふる。

時間が経っても美味しいですが、焼き立てをぜひ！

細長いクッキングシートの長い方を敷き、その上に短い2枚を十字になるようにのせます

焼き上がったあとシートごと持ち上げられるので、型から取り出しやすいです

ケークオシトロン

フレッシュのレモンをたっぷり入れたさわやかな焼き菓子です。
グラサージュをかけると、味と食感の違いが楽しいケーキに仕上がります。
冷蔵庫で冷たくしても美味しいです。

―――― 材料

880mLパウンド型1個分

卵 … 2個
てんさい糖 … 100g
薄力粉 … 90g
ベーキングパウダー … 3g
レモン(すりおろした皮・果汁) … 1個
バター(食塩不使用) … 50g

[グラサージュ]

粉糖 … 50g
レモン汁 … 大さじ1

―――― 下準備

□ 薄力粉をふるう。
□ レモンの皮をすりおろし、半分に切り果汁を絞る。
□ バターを溶かす。
□ 型にクッキングシートを敷く。
□ オーブンを180℃に予熱する。

おすすめの飲み物

ブレディフ ブリュット ヴーヴレイ
Brédif Brut Vouvray

生産者:マルク ブレディフ　Marc Brédif
生産地:フランス、ロワール地方

―――― 作り方

1　ボウルに卵、てんさい糖を入れて混ぜ合わせる。

2　薄力粉、ベーキングパウダーを加えて混ぜ、レモンの皮と果汁を加えて混ぜる。
　＊レモンの皮は白いところを入れると苦みが出るので気をつけましょう
　＊レモンの果汁は茶こしなどでこしながら入れましょう

3　溶かしバターを加えて混ぜる[a]。

4　型に3を流し入れ、空気を抜き、180℃のオーブンで40分焼く。

5　ボウルにグラサージュ用の粉糖とレモン汁を入れ、混ぜ合わせ、焼き上がったケーキにかける[b]。ラップをかけて冷蔵庫で一晩寝かせる。
　＊通常、ケーキが冷めてからグラサージュをするところを、熱々のうちにかけています。すると、レモン風味がシミシミになってしっとり感が早めに出ます

バターは小さく切って小鍋に入れ、中火にかけて溶かし、薄力粉などを混ぜたボウルに加えます

グラサージュの白さを出したい方はケーキが冷めてからかけてくださいね

スパイシーにんじんケーキ

すりおろしたにんじんを使ったデザートです。
香辛料がたくさん入っているので、非常に複雑で大人な味になります。
スパイス好きは、きっとハマってしまうはず！

——— 材料

880mLパウンド型1個分

にんじん … 1本(200g)

A ┃ 薄力粉 … 120g
　┃ 卵 … 1個
　┃ はちみつ … 60g
　┃ サラダ油 … 大さじ1

ベーキングパウダー … 小さじ2

塩 … 少々

B ┃ シナモンパウダー … 3g
　┃ ナツメグパウダー … ひとふり
　┃ クローブパウダー … ひとふり

サラダ油(型に塗る用) … 適量
薄力粉(型にまぶす用) … 適量

——— 下準備

□ 薄力粉はふるう。

□ 型にサラダ油を塗り、薄力粉をまぶす [a]。

□ オーブンを180℃に予熱する。

おすすめの飲み物

チンザノ ベルモット ロッソ
CINZANO Vermouth ROSSO

生産者：チンザノ　CINZANO
生産地：イタリア

——— 作り方

1. にんじんの皮をむき、すりおろす。

2. ボウルに **A** を入れて、ゴムベラでよく混ぜ合わせる [b]。
   ＊まず薄力粉を入れ、中心の粉を周囲によけて穴のようにして、そこに卵、はちみつ、サラダ油を入れてください

3. ベーキングパウダー、塩を加えて混ぜ、**B** を加えて混ぜ合わせる。

4. **1**を加えて混ぜ合わせる [c]。

5. 型に**4**の生地を流し入れ、空気を抜き、180℃のオーブンで1時間焼く。

紙のパウンド型を使う場合もサラダ油をたらし中面全体に塗り、薄力粉をふります

薄力粉に穴を作るようにして入れます

にんじんに水分があるのでゆるくなります

キャトルキャール

フランスの代表的な焼き菓子で、キャトルは"4"という意味です。材料は4つで、薄力粉・バター・てんさい糖・卵をそれぞれ同量で作ります。

─── 材料

880mLのパウンド型1個分

バター（食塩不使用）… 120g
てんさい糖 … 120g
卵 … 120g（L、2個）
薄力粉 … 120g

─── 下準備

☐ バターを常温に戻し、ポマード状にする。
☐ 卵を卵黄（40g）と卵白（80g）に分ける。
☐ 薄力粉をふるう。
☐ 型にクッキングシートを敷く。
☐ オーブンを180℃に予熱する。

おすすめの飲み物

リースリング シュペートレーゼ
ピースポーター ミヘルスベルグ
Riesling Spatlese piespoter Michelsberg

生産者：J＆Hゼルバッハ　J.&H. SELBACH
生産地：ドイツ、モーゼル地方

─── 作り方

1 ボウルにバターとてんさい糖を入れて混ぜる [a]。
　＊てんさい糖を加えて練った後はホイッパーでよく混ぜます
2 卵黄を溶きほぐし、少しずつ加えて混ぜる [b]。
3 薄力粉を加えて混ぜる。
　＊薄力粉を入れたらホイッパーではなくヘラを使って混ぜると膨らみやすくなります
4 ボウルに卵白を入れて泡立てて、メレンゲを作り、3に2回に分けて加え、混ぜ合わせる。
　＊メレンゲを作るときは最初、ホイッパーで卵白を切るようにしてほぐし、メレンゲを立てます。ボウルを冷やしておくと立つのが早いです
5 4を型に流し入れ、空気を抜き、180℃のオーブンで40分焼く。

卵白をしっかり泡立てることができれば、ベーキングパウダーがなくてもふっくら焼けますが、自信のない方は、薄力粉に2gほどのベーキングパウダーを入れて作ってみてください。

バターは室温に戻すと、ポマードのようなやわらかさになります。そのタイミングでてんさい糖を加えましょう

分離しないように少しずつ入れて混ぜてください

かぼちゃケーキ

かぼちゃに相性のよいクルミを合わせた焼き菓子です。
隠し味にホワイトチョコレートの甘さもプラス。
素朴な風味ながら、ふわっと香るスパイスがアクセントに。

―――― 材料

880mLパウンド型1個分

冷凍かぼちゃ … 120g
バター（食塩不使用）… 70g
てんさい糖 … 100g
塩 … 小さじ 1/4
卵 … 1個

A ┃ 薄力粉 … 150g
　 ┃ ホワイト板チョコレート … 1枚(45g)
　 ┃ クルミ（ロースト）… 40g
　 ┃ ベーキングパウダー … 小さじ2(8g)
　 ┃ シナモンパウダー … 小さじ 1/2 (1g)

―――― 下準備

□ バターと卵を常温に戻す。
□ 板チョコレートとクルミを刻む。
□ 粉類をふるう。
□ 型にクッキングシートを敷く。
□ オーブンを170℃に予熱する。

おすすめの飲み物

ビュジェ アルテッス ド
モンタニュー アン シャンヴル
Bugey Altesse de Montagnieu En Chinvre

生産者：イヴ デュポール　Yves Duport
生産地：フランス、サヴォワ地方

―――― 作り方

1. かぼちゃを袋の記載にそって電子レンジであたため、ボウルに入れ、スプーンなどでつぶす [a]。
　*かぼちゃはなるべく丁寧につぶしてください

2. ボウルにバターを入れてゴムベラでポマード状にする。てんさい糖、塩を加えて、ホイッパーで白っぽくなるまでよく混ぜ合わせる。
　*てんさい糖は量が多いので、3回くらいに分けて加えてください

3. 卵は溶きほぐし、**2**に3回に分けて加えて混ぜ [b]、かぼちゃを加えて、ゴムベラでよく混ぜる。
　*卵は少しずつ入れれば分離しません。かぼちゃは切るようにして、あまり練りすぎないようにしてください。

4. **A**を加えて混ぜる。
　*あまり練らないようにして、合わせる程度にすると、ふんわり焼き上がります

5. **4**を型に流し入れ、空気を抜き、170℃のオーブンで40〜50分焼く。

かぼちゃは皮つきで使っています。気になる方は皮をむいてください

卵は一度に入れず、分けて加えます

57

プルーンケーキ

カルバドスで漬けたプルーンを使った贅沢な大人のスイーツです。
作りたても美味しいですし、数日おいてから食べるのも最高です。
焼き立てに染み込ませるお酒はお好みでどうぞ。

――― 材料
880mLのパウンド型1個分

[プルーンケーキ]

バター（食塩不使用）… 70g
てんさい糖 … 70g
塩 … ひとつまみ
卵 … 2個
アーモンドプードル … 100g
薄力粉 … 40g
ベーキングパウダー … 3g
洋酒漬けの種つきプルーン … 9個
プルーンを漬けておいたお酒 … 100mL

[洋酒漬けのプルーン]

ドライプルーン … 400〜500g
紅茶（濃いめに抽出）… 300mL
てんさい糖 … 100g
水 … 40mL
カルバドス … 200mL
バニラビーンズ … 1本（エッセンスでもOK）

――― 下準備

□ バターを常温に戻し、ポマード状にする。
□ 薄力粉をふるう。
□ 洋酒漬けのプルーンを作る（P139参照）。
□ 型にクッキングシートを敷く。
□ オーブンを180℃に予熱する。

――― 作り方

[プルーンケーキ]

1 洋酒漬けのプルーンの種を取り除き、4等分くらいに切る [a]。
   ＊プルーンのお尻を押すと種が出てきます

2 ボウルにバターを入れ、てんさい糖と塩を加え、ゴムベラで混ぜ合わせる。

3 卵を1個ずつ加え、ホイッパーで混ぜ合わせる。

4 アーモンドプードルを2回に分けて加え混ぜ合わせ、薄力粉を2回に分けて加え混ぜ、ベーキングパウダーを加え混ぜ合わせる。

5 1を加え、ゴムベラで混ぜ合わせる。

6 型に5を流し入れ、空気を抜き、表面を平らにして、180℃のオーブンで40分焼く。

7 焼き上がったら、熱いうちにプルーンを漬けておいた洋酒を表面に塗る。粗熱がとれたら型からはずす。
   ＊洋酒はアルコールなのでお子様が召し上がる場合はこの工程は省いてください

洋酒漬けのプルーンがない場合は、ドライプルーンを浸るくらいの紅茶で戻して使ってください。

おすすめの飲み物

ビュジェ セルドン メトード アンセストラル
Bugey Cerdon Méthode Ancestrale

生産者：アラン ルナルダ ファッシュ　Alain Renardat-Fache
生産地：フランス、サヴォワ地方

プルーンは種を取って切ります

パンデピス

スパイスをブレンドしたフランスの焼き菓子です。
パンデピスの「エピス」はスパイスのことです。
フランスではポピュラーなお菓子です。

―――― 材料

880mL パウンド型1個分

A 強力粉 … 100g
　てんさい糖 … 50g
　ベーキングパウダー … 5g
　五香粉 … 小さじ1
　カルダモンパウダー … 小さじ1/2
　ジンジャーパウダー … 小さじ1/2

はちみつ … 80g
湯 … 大さじ1
牛乳 … 50mL
卵 … 1個
レモン、オレンジの皮 … 各1/2個分くらい

―――― 下準備

□ 強力粉をふるう。
□ 型にクッキングシートを敷く。
□ オーブンを170℃に予熱する。

おすすめの飲み物

モーゼルランド リースリング アウスレーゼ
Moselland Riesling Auslese

生産者：モーゼルランド　Moselland
生産地：ドイツ、モーゼル地方

―――― 作り方

1　ボウルにAを入れて混ぜ合わせる。
2　はちみつを分量の湯でやわらかくのばして加え、よく混ぜる [a]。
3　牛乳を加えて混ぜ、卵を加えて混ぜ合わせる。
4　レモン、オレンジの皮を、それぞれすりおろして加え、混ぜ合わせる [b]。
5　型に生地を流し入れ、空気を抜き、170℃のオーブンで40分焼く。

はちみつを電子レンジで温めた湯でやわらかくし、混ぜ合わせます

レモンは皮の白い部分まですりおろさないように気をつけて

ロールケーキ

素朴で優しい味わいのケーキを
イチゴジャムとホイップクリームで可愛いらしく仕上げました。
クリスマスにもおすすめのロールケーキです。

―――― 材料

1本分

卵 … 2個
てんさい糖 … 70g
薄力粉 … 60g
粉糖 … 大さじ2
生クリーム … 200mL
イチゴジャム … 180g

―――― 下準備

☐ 卵を卵黄と卵白に分ける。
☐ 薄力粉をふるう。
☐ 天板にクッキングシートを敷く。
☐ オーブンを190℃に予熱する。

おすすめの飲み物

キール・ロワイヤル風
Kir Royal à la maison

＊ブルーベリーソース1：スパークリングワイン4で作ります

―――― 作り方

1. ボウルに卵白を入れて泡立て、てんさい糖を3回に分けて入れて混ぜ合わせる。
   ＊砂糖を早めに入れると泡立ちづらくなりますので、メレンゲがある程度立ったら、てんさい糖を入れてください。今回のレシピはベーキングパウダーを使わないので強めにメレンゲを立てます

2. 卵黄を加えてさっと混ぜ、薄力粉を2回に分けて加え混ぜ合わせる。
   ＊卵黄はメレンゲの泡をつぶさないように混ぜてください。薄力粉は切るように混ぜます

3. 天板に**2**を流し入れ、平らに伸ばす。

4. 粉糖を全体にまぶし [a]、190℃のオーブンで8分焼き、粗熱をとる。

5. 焼き上がった**4**の上にクッキングシートをのせてひっくり返し、最初に敷いていたクッキングシートをはがす [b]。

6. ボウルに生クリームを入れて泡立て、ホイップクリームにする。**5**にジャムをたっぷり塗り、その上にホイップクリームを塗る [c]。

7. **6**を巻き、ラップで包んで冷蔵庫で半日～1日寝かせる。
   ＊生地がしっとりしている端のほうから巻いてください

茶こしで粉糖を全体にふりかけます

クッキングシートはしっかりくっついているのでゆっくりはがしてください

ホイップクリームは硬すぎず、やわらかすぎないほうがのばしやすく、巻きやすくなります

プヂンケーキ

コンデンスミルクたっぷりのプディングです！
とても濃厚でコクのある味わいが最高で、ブラジルの家庭で人気があります。
本来はドーナッツ状の型で焼きますが、今回はパウンド型で。

―――― 材料

880mL パウンド型1個分

卵 … 2個
コンデンスミルク … 250g
牛乳 … 250g
湯（湯煎焼き用）… 適量

[キャラメル]

てんさい糖 … 60g
水 … 小さじ2
湯 … 大さじ1と1/2

―――― 下準備

□ オーブンを170℃に予熱する。

おすすめの飲み物

リモナダ ブラジレイラ
Limonada Brasileira

＊ライム1/2個、ガムシロップ25g、コンデンスミルク40mL、水と氷それぞれ適量で作ります

―――― 作り方

1 ボウルに卵を入れて混ぜ、コンデンスミルク、牛乳の順に加え、つど混ぜ合わせる。
   ＊混ぜ合わせた後、夏場は冷蔵庫に入れてください。

[キャラメル]

2 鍋にてんさい糖を入れ、真ん中に水を入れ、中火で動かさずに火を通す。ぐつぐつしてきたら火を止めて、濡らした冷たいタオルなどの上に鍋をのせ、湯を入れててんさい糖を溶かす [a]。
   ＊動かさないでこのまま焦げるのを待ちます。色がつくのをじっと待ってから鍋を回します。こういうところ、料理人は釣り師に似ています。なんかどうしても動かしたくなりますよね。それをじっと待つ！
   ＊キャラメルの焼き具合、苦みはお好みで

3 型に 2 のキャラメルを流し入れ、冷蔵庫で冷やす。
   ＊キャラメルがゆるいとアパレイユと混ざってしまうので、冷やして固めます
   ＊15分くらい冷やすとキャラメルがフルフルしなくなります

4 広めの耐熱容器に布または紙を敷き、湯を張る [b]。その上に 3 を置き、1 をこしながら流し入れる [c]。170℃のオーブンで40分湯煎で焼く。
   ＊冷蔵庫で一晩寝かせてから型と生地の境目に包丁を入れ、取り出してください

砂糖が少し溶け残った場合は、もう一度火をつけて沸かし、砂糖を全部溶かします

湯を張って、オーブンで湯煎焼きにします

表面の泡はバーナーやライターなどの火であぶると消えます

かぼちゃプリンケーキ

簡単なかぼちゃのプリンケーキです。
上のかぼちゃと下のクッキーがマッチしています。
ボリュームがあるので大満足。

―――― 材料
直径約15cmケーキ型1個分

ロータスビスケット … 150g
バター(食塩不使用) … 30g

[アパレイユ]

A | 栗かぼちゃ(冷凍) … 300g
　| 牛乳 … 100mL
　| てんさい糖 … 60g
　| ラム酒 … 20mL

卵 … 3個

バター(食塩不使用、型に塗る用) … 適量
薄力粉(型に塗る用) … 適量

＊ラム酒がなければブランデーかウイスキーでも
OK。お子様が召し上がる場合はラム酒は省いてく
ださい

―――― 下準備

☐ バターを常温に戻し、ポマード状にする。
☐ 栗かぼちゃを解凍する。
☐ ケーキ型の底にバターを塗り、薄力粉をま
　ぶす。
☐ オーブンを170℃に予熱する。

おすすめの飲み物

レ ラルム セレスト シャトー ブースカッセ
Les Larmes Célestes Château Bouscassé

生産者：シャトー ブースカッセ　Château Bouscassé
生産地：フランス、南西地方

―――― 作り方

1　フードプロセッサーにロータスビスケットを崩しながら
　入れ、バターを加えて撹拌する [a]。
2　1を型に敷き詰める [b]。アパレイユを作っている間、
　冷蔵庫で冷やす。

[アパレイユ]

3　フードプロセッサーにAを入れて撹拌し、ピューレを作る。
　＊トロトロにしてください
4　ボウルに卵を入れて混ぜ、3を加えて混ぜ合わせる。

5　2の型に4を流し入れ、170℃のオーブンで50分焼く。
　粗熱がとれたら、冷蔵庫で一晩寝かせる。

ロータスビスケットのかわりにシナモン入りのバターク
ッキーを手作りして使うのもいいですよ。

バターはポマード状にして入れます

型に敷き詰めるときは、大きいス
プーンなどでよく押し付けてくだ
さい

チーズケーキ

ふつうはバターや生クリームを使うところ、オリーブオイルとホワイトチョコレートで作るひと味違うチーズケーキです。軽やかでコクがあり、ミルキー！

―――― 材料
880mLパウンド型1個分

A
- クリームチーズ … 200g
- コンデンスミルク … 70g
- 卵 … 1個
- レモン汁 … 大さじ1/2

ホワイトチョコレート … 40g
オリーブオイル … 40g

―――― 下準備
- □ 型にクッキングシートを敷く。
- □ オーブンを150℃に予熱する。

おすすめの飲み物

カクテル
ダークラム＆ミルク
＊マイヤーズダークラムとミルクを1:4の割合で混ぜメープルシロップ少々を入れて作るカクテル

―――― 作り方

1 鍋に水を入れて沸騰させ、火を止めてボウルをのせる。ボウルの中に割ったホワイトチョコレートとオリーブオイルを入れ、湯煎で溶かしながらしっかり混ぜる [a]。
　＊ホワイトチョコレートは40℃くらいで溶けるので、火を止めて溶かしてください

2 フードプロセッサーに **A** を入れて撹拌し、**1** を加えさらに撹拌する。

3 **2** をこして [b]、型に流し入れる [c]。空気を抜いて150℃のオーブンで35分焼く。
　＊粗熱をとって冷蔵庫で1日冷やしてから型から抜くのがおすすめ

湯煎でチョコレートをゆっくり溶かしてください

生地をこすのは省いてもOKです

省いてOKですが生地をこすと、空気が入って口当たりがよくなります

トゥルトー フロマジェ

オーブンに入れていたのをうっかり忘れてしまった…
という失敗から生まれたお菓子と言われています。
真っ黒に焼けていても焦げて苦いということはありません。

―――― 材料

直径16cmの型1個分（約4人分）

冷凍パイシート … 2枚

[アパレイユ]

A ｜ シェーブルチーズ … 100g
｜ てんさい糖 … 30g
｜ 卵黄 … 2個分
｜ レモン汁 … 小さじ 1/4

薄力粉 … 20g
卵白 … 2個分
塩 … ひとつまみ
てんさい糖 … 40g

＊シェーブルチーズがないときはクリームチーズを使ってください

薄力粉（打ち粉用）… 適量

―――― 下準備

□ 薄力粉をふるう。
□ 冷凍パイシートを解凍する。
□ クッキングシートを23cm角で切って、打ち粉をする。
□ オーブンを240℃に予熱する。

おすすめの飲み物

ヒューガルデン ロゼ
Hoegaarden ROSÉE

生産者：ヒューガルデン　Hoegaarden
生産地：ベルギー

―――― 作り方

1 クッキングシートの上にパイシートを2枚重ねてのせ [a]、シートの大きさに麺棒で伸ばす。
　＊パイシートにも打ち粉をしてください

2 打ち粉をした型に1を敷き [b]、はみ出した部分は型に沿ってナイフなどで切り落とす。アパレイユを作る間、冷蔵庫で冷やしておく。

[アパレイユ]

3 ボウルにAを入れてなめらかになるまで混ぜ、薄力粉を加え混ぜ合わせる。

4 別のボウルに卵白を入れ泡立て、塩を加えて混ぜる。てんさい糖を2回に分けて加え、角が立つまで泡立てて、メレンゲにする。

5 3にメレンゲを2回に分けて加えて混ぜ合わせる。
　＊空気を入れるように混ぜてください。2回目に入れた後は混ぜすぎないようにしましょう

6 2に5を流し入れ、空気を抜き、240℃のオーブンで20分焼き、200℃に温度を下げて15分焼く [c]。焼き色にむらがあればオーブンに入れる向きを変える。

はがれないようにパイシートの間に水を塗って重ねます

角を横に押すようにしてパイシートを型に敷き詰めます

焼き色にむらがあれば、向きを変えてもう一度オーブンで焼きます

パイナップルケーキ

焦がしたてんさい糖と、ラム酒、パイナップルの香りの
シンプルなケーキです。
余ったパイナップルをカットして生地に混ぜるのもおすすめ！

──── 材料
直径18cmの型1個分

パイナップル … 1/2 個
卵 … 2個(100g)
てんさい糖 … 100g
薄力粉 … 100g
ベーキングパウダー … 5g
バター（食塩不使用）… 100g
ラム酒 … 大さじ2(30g)
オリーブオイル（型に塗る用）… 適量

[キャラメル]

てんさい糖 … 125g
水 … 少々

＊ラム酒のかわりにブランデーなどお好みの洋酒でも

──── 下準備

☐ パイナップルは皮をむき、1cm幅くらいに
　切る [a]。
　＊生のパイナップルがなければ缶詰を使ってくだ
　　さい
☐ バターを常温に戻し、ポマード状にする。
☐ 薄力粉をふるう。
☐ 型にオリーブオイルを塗る。
☐ オーブンを180℃に予熱する。

──── 作り方

1　ボウルに卵を溶きほぐし、てんさい糖を加えて混ぜる。
　　薄力粉を少しずつ加えて混ぜ、ベーキングパウダー、バ
　　ターを混ぜ合わせる。

[キャラメル]

2　フライパンにてんさい糖を入れ、中火より強めの火にか
　　けて、焦げてきたら中央に水を入れて火を止め、キャラ
　　メルを作る [b]。

3　型にキャラメルを流し入れ、パイナップルを敷き詰める
　　[c]。1を流し入れ、180℃のオーブンで40分焼く。
　　＊25分ほど焼いたら一度オーブンから取り出し、アルミ箔をケー
　　　キにかぶせて焼くと、焼き色がつくのを防げます
　　＊熱いうちに型から出したほうが外れやすいです
　　＊冷蔵庫で冷やさずに食べてください

ラム酒は生地に混ぜ込むか、
焼き上がってからかけるか、お好みでどうぞ！

　おすすめの飲み物

シャトー ド リコー ルピアック
Chateau de Ricaud Loupiac

生産地：フランス、ボルドー地方

芯をくりぬいて切ってください

てんさい糖を火にかけたら、じっ
と待つ。ときどきフライパンを回
しながら焦げるのを待ちます

キャラメルが熱いので気をつけて
ください

ガトーマンケ

マンケというのは足りないという意味です。
メレンゲがうまく立たず、ちょっとうまくいかなかったけれど
焼いたら美味しかったという失敗から生まれたお菓子です。

─── 材料
直径15cmの型1個分

卵 … 4個
てんさい糖 … 60＋60g
バター（食塩不使用）… 70g
薄力粉 … 100g
塩 … ひとつまみ
粉糖（仕上げ用）… 適量
バター（食塩不使用、型に塗る用）… 適量
薄力粉（型にまぶす用）… 適量

─── 下準備

□ 卵を卵黄と卵白に分ける。

□ バターを溶かす。

□ 型にバターを塗り、薄力粉をまぶして冷蔵
　庫で冷やす **[a,b]**。

□ オーブンを170℃に予熱する。

おすすめの飲み物
リュードヴァン シードル エピス

生産者：リュードヴァン
生産地：日本、長野県

─── 作り方

1　ボウルに卵黄と分量の半分のてんさい糖を入れて混ぜる。

2　溶かしバターを加えて混ぜ、薄力粉を3回に分けて加えて混ぜ合わせる

3　ボウルに卵白を入れて混ぜ、残りのてんさい糖と塩を加えて泡立て、メレンゲを作る。

4　**3**のメレンゲを3回に分けて**2**に加えて混ぜ合わせる。

5　型に**4**を流し入れ、空気を抜いて、170℃のオーブンで40分焼く。焼き上がったら粗熱をとって、粉糖をかける。

a
型に塗る用のバターは常温に戻し、ポマード状にしてハケで塗ります

b
茶こしを振って薄力粉を型の内側全体にまぶします

ショソンオポム

フランス風のアップルパイで、
パンオショコラのようにパン屋さんで売っている定番のお菓子です。
それをいつもの冷凍パイシートで作ることができます!

―――― 材料

4個分

[フィリング]

りんご … 2個
バター（食塩不使用）… 10g
てんさい糖 … 15g
バニラエッセンス … 少々

[シロップ]

てんさい糖 … 10g
水 … 10mL

[パイ]

冷凍パイシート … 2枚
卵黄 … 1個分
水（卵黄と混ぜる用）… 適量
薄力粉（打ち粉用）… 適量

―――― 下準備

□ 冷凍パイシートを解凍する。
□ オーブンを190℃に予熱する。

おすすめの飲み物

逢瀬ワイナリー シードル
Ouse Winery Cidre

生産者：逢瀬ワイナリー　Ouse Winery
生産地：日本、福島県

―――― 作り方

[フィリング]

1　りんごを小さめの一口大に切る。
* 皮はむいてもむかなくてもOKです。皮つきだと皮が残るので実が崩れにくくなります

2　フライパンにバターを入れ、強火にかける。バターが溶けて泡が出てきたら、りんごとてんさい糖を入れて炒め、てんさい糖が全体にからんだら中火にする [a]。

3　バニラエッセンスを加えて中火で木べらで崩しながら10分ほどじっくり炒め、バットに取り出して粗熱をとる。

[シロップ]

4　小鍋にてんさい糖と水を入れ、中火にかけ、てんさい糖が溶けたら火を止める。

[パイ]

5　台に打ち粉をしてパイシートをのせ、直径8cmのセルクルで丸く型抜きし、麺棒で楕円形にのばす。
* セルクルがないときは、グラスなどで代用してください
* セルクルを上下左右に揺らすと抜きやすくなります。余ったパイシートは丸めてラップで包んで冷凍し、何か別のときに使ってください

6　卵黄と水を混ぜて5に塗り、3をのせて半分に折り、縁を抑えてくっつける [b]。竹串で穴をいくつかあける。
* 端と端をくっつけるようにして生地を折りたたみ、りんごを包みます
* 破裂しないように穴をあけます

7　天板にクッキングシートを敷き、打ち粉をして6をのせる。包丁の背の部分で、パイ生地の表面に葉脈の形に模様をつける [c]。

8　残った卵黄を表面に塗り、180℃のオーブンで20分焼く。取り出したら4のシロップを塗る。
* 190℃に予熱しますが、焼くときは180℃にしてください

りんごがやわらかくなるようにソテーします

生地がしっかりくっつくように端まで卵黄を塗ってください

生地を切るとりんごがはみ出してしまうので、模様をつけます

パンプキンパイ

ハロウィンにもぴったりな、簡単にできるかぼちゃのパイです。
なんとみりんを使います。
りんごの酸味とかぼちゃの甘みがマッチしていて美味しいパイです。

―――― 材料
直径18cmの型1個分

冷凍パイシート … 4枚
溶き卵 … 適量
A | かぼちゃ … 1/4個
　　 | りんご … 1個
　　 | みりん … 大さじ4
　　 | はちみつ … 大さじ3
　　 | シナモン … 少々
サラダ油(型に塗る用) … 適量
＊みりんは本みりんを使ってください

―――― 下準備

☐ かぼちゃは種部分を取り除いてラップで包み、500wの電子レンジで8分加熱し、1.5cm角に切る。
☐ りんごは種の部分は取り除き、1.5cm角に切る。
☐ 型にサラダ油を薄く塗る。
☐ 冷凍パイシートを解凍する。穴があいていないシートの場合はフォークなどで穴をあける。
☐ オーブンを200℃に予熱する。

―――― 作り方

1 パイシート2枚を伸ばし、型に敷き、はみ出した生地をナイフなどで切り取る [a]。内側全体に溶き卵を塗る。
　＊余った生地は丸めて冷凍して別のときに使ってください
2 残りの2枚のパイシートを1.5cm幅くらいの棒状に切り、**1**とともに冷蔵庫で冷やしておく。
3 フライパンに**A**を入れて強火にかけ、沸騰したら弱火にして水分がなくなるまで煮込む [b]。火からおろし、粗熱をとる。
4 **1**に**3**をたっぷりのせて、**2**のパイ生地を格子状に貼りつけ [c]、溶き卵を塗る。
5 200℃のオーブンで30分焼く。

おすすめの飲み物

ボンヌゾー キュヴェ ゼニット
Bonnezeaux Cuvée Zénith

生産者：ルネ ルヌー　René Renou
生産地：フランス、ロワール地方

2枚が重なるところは溶き卵を塗ってくっつけます

混ぜながら水分がなくなるまで煮てください

型からはみ出した部分の生地は指で押さえてとります

秋のフルーツパイ

フルーツの宝石箱のようなパイが、びっくりするほど手軽にできます。
お好きなフルーツをいろいろ入れても、季節のフルーツ1種類で作ってもいいですね。
フルーツを小さくカットしてみたり、きれいに並べてみたり、いろいろ工夫してください。

材料

4〜6人分

好みの秋のフルーツ(西洋梨、柿、いちじく、
　キウイ、ぶどう、りんごなど)… いろいろ

A
| はちみつ … 大さじ1
| レモン汁 … 小さじ2
| ジンジャーパウダー … 小さじ1
| シナモンパウダー … 小さじ1

冷凍パイシート … 1枚
溶き卵 … 1個分
ロータスビスケット … 50g
てんさい糖 … 適量
バター(食塩不使用) … 40g
薄力粉(打ち粉用) … 適量

下準備

☐ フルーツを好みの大きさに切る。
☐ ロータスビスケットを砕く。
☐ 冷凍パイシートを解凍する。
☐ 天板の大きさに合わせてクッキングシートを切る。
　＊ クッキングシートの上でパイシートを伸ばすと、どのくらい伸ばせばよいかわかりやすくなります
☐ オーブンを190℃に予熱する。

作り方

1 ボウルにAを入れて混ぜ、フルーツを加えマリネして、冷蔵庫で1時間ほど寝かせる。

2 クッキングシートに打ち粉をし、パイシートをのせて、麺棒で少し伸ばす。クッキングシートごと天板にのせ、パイシート全体にフォークなどで穴をあける [a]。

3 パイシート全体に溶き卵を塗り、縁を残してロータスビスケットをのせ [b]、その上にフルーツをのせる。
＊ 溶き卵はたっぷり塗ってください

4 パイシートの縁を内側に折り、全体にてんさい糖をふって、ちぎったバターをのせ [c]、3で残った溶き卵をパイに塗り、190℃のオーブンで25〜30分焼く。

今回使ったフルーツ
ぶどう1/2房、柿1個、キウイ1個、
いちじく1個、りんご1/2個

おすすめの飲み物

マルティーニ ロッソ
Martini Rosso

生産者：マルティーニ　Martini
生産地：イタリア

パイシート全体に穴をあけます

ビスケットがフルーツから出る水分を吸ってくれます

焼く前に、ちぎったバターを散らします(完成写真とは一部使用しているフルーツが異なります)

パルミエ

甘くて香ばしい、冷凍パイシートで作るパイ菓子です。
焼けるまではどう仕上がるか不安になる形ですが、
かわいらしく完成するのでぜひお試しください。

―――― 材料

約14個分

冷凍パイシート（約11cm×18cm）… 1枚
ピーナッツクリーム … 30〜35g
チョコレート … 25g
アーモンド … 25g
てんさい糖 … 適量

―――― 下準備

☐ チョコレート、アーモンドを細かく刻む。
☐ 冷凍パイシートを解凍する。
☐ 天板にクッキングシートを敷く。
☐ オーブンを180℃に予熱する。

おすすめの飲み物

オティマ テン イヤーズ
Otima 10 years

生産者：ワレ　Warre's
生産地：ポルトガル、ドウロ

―――― 作り方

1　台に打ち粉をしてパイシートをのせ、一回り大きくなるように伸ばす。

2　1にピーナッツクリームを塗り、刻んだチョコレートとアーモンドを散らす [a]。

3　2を両側からパルミエの形になるように巻く [b]。

4　ラップの上にてんさい糖を広げて3をのせ、ラップで包み [c]、冷凍庫で1時間寝かせる。
　＊パイ生地が乾いている場合は軽く水を塗って、てんさい糖をくっつけてください

5　4を1.5cm幅くらいに切って [d]、くっつかないよう天板に並べ、180℃のオーブンで17分焼く。

ヌテラ®やヘーゼルナッツクリームでアレンジするのもグーです

a

スプーンの背などでピーナッツクリームを伸ばします

b

両方の端から中央に向かって巻いていってください

c

ラップの端を左右逆の方向にねじります

d

断面が上になるようにして焼きます

和梨のタルトレット

薄くスライスした和梨で、バラの花を作りました。
梨以外に柿やりんごをこういう形にして飾ると、盛り上がるはず！
ほかのフルーツでも作ってみてください。

—— 材料
直径7cmプリンカップ4個分

冷凍パイシート … 1枚
梨 … 1個
はちみつ … 20g

[カスタードクリーム(作りやすい分量)]
牛乳 … 250mL
バニラビーンズ … 1/2本
卵黄 … 2個分
てんさい糖 … 50g
コーンスターチ … 20g

サラダ油(カップに塗る用) … 適量

—— 下準備
☐ 冷凍パイシートを解凍する。
☐ バニラは切り目を入れて中の種を取り出し、てんさい糖に種を擦りつける(P141参照)。
☐ 耐熱性のプリンカップに油を塗る。
　＊2つのプリンカップではさむので、1つはカップの内側、もう1つは外側に塗ります
☐ オーブンを180℃に予熱する。

おすすめの飲み物
ポワレ オータンティック
Poiré Authentique

生産者：エリック ボルドレ　Eric Bordelet
生産地：フランス、ノルマンディ地方

—— 作り方
[カスタードクリーム]

1 鍋に牛乳とバニラのさやを入れて中火にかけて人肌に温める。
2 ボウルに卵黄とてんさい糖を入れて混ぜ、コーンスターチを加えしっかり混ぜ合わせる。
3 2に1を少しずつ加えて混ぜ合わせる。
　＊熱いものを急に入れると卵黄に火が入ってブツブツと固まるので気をつけてください
4 3を鍋に入れて弱火にかけ、とろみがつくまでゴムベラで混ぜる。粗熱をとり、冷蔵庫で冷やす。
　＊混ぜるときは液体を混ぜるというより、ゴムベラで鍋底を掃除するように混ぜてください

[パイ]

5 パイシートを2倍くらいのサイズに伸ばし、4等分に切る。冷蔵庫で2時間寝かせる。
　＊冷蔵庫で休ませるとパイシートが縮まなくなります
6 5のパイシートをプリンカップに敷き、はさむように別のプリンカップを重ねる[a]。
7 180℃のオーブンで30分焼き、粗熱をとり、型をはずす。
8 梨の皮をむき、少し大きめのくし切りにし、スライサーで断面の形にスライスする。
9 7に4のカスタードクリームを入れ、8を丸めて飾り[b]、はちみつをかける。

a
パイ生地がタルトの器になるように、このままはさんでプリンカップごとオーブンで焼きます

b
カスタードをたっぷり入れてください

タルト オ シュクル

てんさい糖とバターをたっぷりと使った、北の地方の郷土菓子です！
上が甘くて、下はふわふわしっとり。表面がサクサクカリカリ。
てんさい糖だからこそのおいしさです。

―――― 材料

18〜20cmタルト型1個分

A
- 強力粉 … 125g
- 薄力粉 … 125g
- バター（食塩不使用）… 100g
- 牛乳 … 100mL
- 卵 … 2個
- てんさい糖 … 30g
- ドライイースト … 8g
- 塩 … 小さじ1

てんさい糖（仕上げ用）… 80g
バター（食塩不使用、仕上げ用）… 40g

―――― 下準備

- □ 材料を常温に戻す。
- □ バターをポマード状にする。
- □ 強力粉と薄力粉を合わせてふるう。
- □ タルト型（底が抜けるタイプ）にクッキングシートを敷く。
- □ オーブンを180℃に予熱する。

おすすめの飲み物

ラボリー メソッド キャップ クラシック ブリュット
Laborie Methode Cap Classique Brut

生産者：ケイ ダブリュー ヴィ ラボリー　K.W.V Laborie
生産地：南アフリカ、西ケープ

―――― 作り方

1 フードプロセッサーにAを入れて撹拌する。
  ＊かなりゆるめの生地です。1分くらい混ぜてください

2 ボウルに1を入れ、ゴムベラで2〜3分ほど捏ねて、ラップをかけて発酵させる。（オーブン発酵30℃か室温の場合：1時間くらい、オーブン発酵40℃の場合：40分くらい）
  ＊空気を入れながらコシが出るように捏ねてください

3 2を型に入れて[a]、てんさい糖とバターをたっぷりのせ[b]、180℃のオーブンで35分焼く。
  ＊手に水をつけて表面を平らにしてから焼いてください

生地を流し込んだら、手に水をつけて、表面を手で平らにならします

焼くとてんさい糖がとけて美味しそうな焼き色がつきます

ミルクタルト

プルプルふんわりのカスタードのタルトです。
ベーキングパウダーも使っているので、
お菓子作りに慣れていない方もサクッとした生地が作れるはず。

──── 材料

直径約7cmの型9個分

[タルト生地]

バター（食塩不使用）… 125g
てんさい糖 … 60g
卵 … 1個

A ┃ 薄力粉 … 200g
　 ┃ ベーキングパウダー … 5g
　 ┃ 塩 … ひとつまみ

[カスタード]

卵 … 2個
てんさい糖 … 60g
薄力粉 … 15g
コーンスターチ … 15g

B ┃ 牛乳 … 600mL
　 ┃ シナモンスティック … 1本
　 ┃ バニラエッセンス … お好み
　 ┃ バター（食塩不使用）… 30g

シナモンパウダー（仕上げ用）… 適量
薄力粉（打ち粉用）… 適量

──── 下準備

□ バターを常温に戻し、ポマード状にする。
□ 薄力粉をふるう。
□ オーブンを180℃に予熱する。

おすすめの飲み物

ホット・チョコレート
Chocolat chaud
→スパイスショコラショー (p153)

──── 作り方

[タルト生地]

1　ボウルにバターを入れ、てんさい糖を加えて混ぜる。

2　卵を加えて混ぜ、Aを加えて混ぜ合わせる。ラップに包み、冷蔵庫で2時間ほど寝かせる。
　＊平たくしてラップに包んだほうが、早く冷えます

3　台に打ち粉をして2をのせ、打ち粉をしながら麺棒などで3mmくらいの厚さに生地を伸ばす。直径約10cmのセルクルなどで丸く抜く。
　＊残った生地はまたひとまとめにして伸ばして、丸く抜いてください

4　3を型に敷き [a]、上からアルミ箔を敷き、タルトストーンを入れる [b]。180℃のオーブンで25分焼く。
　＊アルミ箔をはずしたときに生地が生焼けの場合、そのままオーブンで焼き続ければこんがり仕上がります

[カスタード]

5　ボウルに卵とてんさい糖を入れて混ぜ、薄力粉、コーンスターチを加えて混ぜ合わせる。

6　鍋にBを入れて中火にかけて人肌に温める。

7　6を5に少しずつ加えて混ぜ合わせる。再び鍋に戻し、強めの中火にかけ、とろみがつくまでゴムベラで混ぜる。
　＊鍋の底を掃除するように混ぜてください

8　焼き上がったタルト生地に7のカスタードクリームを入れて表面を整え、シナモンパウダーをふる。

この上にアルミホイルを敷きます

今回はタルトストーンのかわりに小豆を使用しました。この小豆は別の料理に使ってください

ガトーバスク

タルト生地にジャムやカスタードクリームをはさんで焼いた、フランス・バスク地方の郷土菓子です。
今回はクラシックなジャムだけをはさんだレシピです。

材料
直径18cmタルト型1個分

A
- 卵 … 1個
- 薄力粉 … 200g
- バター（食塩不使用）… 100g
- てんさい糖 … 60g
- ベーキングパウダー … 4g
- 塩 … 小さじ1

ジャム（クランベリー）… 160g～250g
卵黄 … 適量
水（卵黄と混ぜる用）… 適量

下準備
☐ オーブンを170℃に予熱する。

おすすめの飲み物

イカ チャコリーナ ロゼ
Hika Txakolina Rosé

生産者：イカ チャコリーナ　Hika Txakolina
生産地：スペイン、バスク地方

作り方

1 フードプロセッサーに**A**を入れて撹拌する。ボウルに取り出してラップをかけ、冷蔵庫で1時間～一晩程度寝かせる。
　＊一晩寝かせたほうが生地の伸びがよくなります

2 **1**の生地を大きめと中位の2つに分ける。大きめの生地は麺棒などで伸ばす。型に敷き、型からはみ出た部分をとり、クランベリージャムを入れる[a]。

3 残りの中位の生地は麺棒でタルト型にかぶさる大きさに伸ばす。空気が入らないように**2**にかぶせて蓋をする[b]。

4 卵黄と水を混ぜて**3**の表面に塗って、フォークでバスクケーキらしい模様を作り[c]、170℃のオーブンで40分焼く。

ジャムは入れすぎると、焼いている途中で噴火したように噴き出すので気をつけて！

生地でしっかり蓋をしてください

格子の模様になるようにフォークで線を引きます

エンガディナー

クルミをたっぷり使ったスイスの名物お菓子です。
このキャラメルとクルミの食感、大ウケ間違いなしです。
冷めたら断面がスパッと切れます。

──── 材料
直径18cmタルト型1個分

[タルト生地]
卵 … 1個
薄力粉 … 200g
バター（食塩不使用）… 100g
てんさい糖 … 60g
ベーキングパウダー … 4g
塩 … 小さじ1

[クルミヌガーキャラメル]
生クリーム … 100mL
はちみつ … 30g
塩 … ひとつまみ
てんさい糖 … 100g
水 … 大さじ1
バター（食塩不使用）… 40g
クルミ（ロースト）… 150g

卵黄 … 1個分
薄力粉（打ち粉用）… 適量
＊はちみつはお好みのものを使ってください

──── 下準備

☐ バターを小さく切る。
☐ 型に打ち粉をする。
☐ オーブンを170℃に予熱する。

おすすめの飲み物

〜オリジナルカクテル〜
エラブル ソーダ
Érable & Soda

＊メープルシロップ1：ダークラム2：炭酸水7の割合で作るカクテルです

──── 作り方

[タルト生地]

1　フードプロセッサーに生地の材料を全部入れて撹拌し、丸めてラップに包み、冷蔵庫で1時間〜一晩寝かせる。

[クルミヌガーキャラメル]

2　鍋に生クリーム、はちみつ、塩を入れて弱火で温める。

3　フライパンにてんさい糖を入れ強火にかけ、中央に水を入れ、動かさず自然に溶けるのを待つ。

4　**3**に**2**を加えて混ぜ、バターを加えて混ぜる。バターが溶けたら温度を測り、105℃を超えたら火を止める。
＊110℃を超えるとカチカチに固まるので、気持ち早めの105℃を目安に火を止めます

5　クルミを加えて混ぜ合わせ、バットに移して冷ます。
＊室温まで下げておくと工程9で扱いやすいです

6　**1**を蓋用（160g）と型用（残り）の2つに分ける。

7　型よりも少し大きめにクッキングシートを切り、打ち粉をして**6**をのせ、麺棒で伸ばす。
＊蓋用の生地と型用の生地をそれぞれ伸ばします

8　型にクッキングシート側が上になるよう型用の生地を敷く。型からはみ出した生地とクッキングシートをとる。

9　**5**をほぐして**8**に敷き詰める [a]。

10　蓋用の生地を被せ、型からはみ出た部分を取り、表面に卵黄をたっぷり塗る。フォークで表面にデザインを入れ、全体につまようじ等を刺して穴を開け [b]、170℃のオーブンで35〜40分焼く。

クルミヌガーキャラメルを全部入れ、表面をならします

フォークでデザインを入れたあと、焼くとふくらむので表面に穴もあけておきましょう

チョコレートムース

作り方は簡単！ でも、味は本格的な火を通して作るムースオショコラです。
火を通さないチョコレートムースの作り方は
次のページのホワイトチョコレートムースでご紹介します。

材料

カップ4個分

板チョコレート … 100g
卵 … 1個
牛乳 … 20mL
はちみつ … 40g
生クリーム … 200mL

下準備

☐ 生クリームを泡立てる。

おすすめの飲み物

ドン ゾイロ クリーム
Don Zoilo Cream

生産者：ウイリアム ハンバート　Williams & Humbert
生産地：スペイン、アンダルシア地方

作り方

1. 鍋に湯を沸かし、沸騰したら火を止める。チョコレートを割り入れたボウルを鍋に入れ、湯煎で溶かす。
2. 別のボウルに卵、牛乳、はちみつを入れ、混ぜ合わせながら中火で湯煎し火をいれる **[a]**。
3. **2**に**1**を加えて混ぜながら加熱し、湯煎をはずす。ツノが立つまで泡立てた生クリームを加えて混ぜ合わせる **[b]**。
4. 冷蔵庫で一晩冷やし固める。器に盛る。

湯煎をするときは鍋にタオルなどを敷いて、その上にボウルを置くと安定します

泡立てた生クリームは一度に混ぜず、3回くらいに分けて混ぜてください

ホワイトチョコレートムース

さわやかなチョコ味で、口当たりのよいムースです。
今回は卵白のメレンゲと生クリーム＋卵黄で作る
基本のムースオショコラです。

冷たいお菓子

―― 材料
カップ6個分

ホワイトチョコレート … 100g
生クリーム … 200mL
バニラエッセンス … 少々
卵 … 2個
てんさい糖 … 大さじ1
クッキー … お好みで

―― 下準備

☐ 卵を卵黄と卵白に分ける。

☐ 器を冷蔵庫で冷やす。

おすすめの飲み物

グランディ コルディス マルヴァジア
ドルチェ フリッツァンテ
Grandi Cordis Malvasia Dolce Frizzante
生産者：チェヴィコ　Cevico
生産地：イタリア、エミリア ロマーニャ州

―― 作り方

1. 鍋に湯を沸かし、沸騰したら火を止める。ホワイトチョコレートを割り入れたボウルを鍋に入れ、湯煎で溶かす。
   * ホワイトチョコレートは温度が高すぎると固まるので注意が必要です。湯が沸騰したらすぐに火を止め、じっくり溶けるのを待ちます

2. ボウルに生クリームを入れて泡立てる。バニラエッセンス、卵黄を加え混ぜ合わせ、一度冷蔵庫に入れる。

3. 別のボウルに卵白を入れて泡立て、てんさい糖を加えてメレンゲを作る。

4. 冷蔵庫から**2**を出し、**1**を少しずつ加えて混ぜる。メレンゲを2回に分けて入れ、混ぜ合わせる。
   * メレンゲは1回目はホイッパーでざっと混ぜて、2回目はゴムベラで切るように混ぜてください

5. 器にクッキーを割って入れ、その上から**4**を入れて冷蔵庫で半日〜一晩冷やす。

チョコレートを飾ったりして楽しんでください。

ウフアラネージュとキャラメルソース

卵白がたくさん余った時に！
フランスの古典的なデザートで、レストランでも人気のメニュー。
フワフワした食感が楽しいスイーツです。

―― 材料

2〜4人分

[ウフアラネージュ]

卵白 … 3個分
グラニュー糖 … 25g
牛乳 … 60mL

[ソース]

ミルクキャラメル（市販品）… 12粒
牛乳 … 60mL
生クリーム（35%）… 60mL
アーモンド … 適量

―― 下準備

☐ アーモンドを砕く。
☐ 鍋かフライパンに湯を沸かす。

おすすめの飲み物

ピエールポネルクレマンドブルゴーニュロゼ
Pierre Ponnelle Crémant de Bourgogne Brut Rosé
生産地：フランス、ブルゴーニュ地方

―― 作り方

[ウフアラネージュ]

1. ボウルに卵白を入れて泡立てる。ある程度立てたらグラニュー糖を加え、角が立つまで泡立てる。
   * グラニュー糖を早く入れすぎると卵白が泡立ちにくいので、ふんわりと泡立ってから加えてください

2. 下準備した湯に牛乳を加えて、火にかけ沸騰したら弱火にして、**1**をゆでる [a]。
   * 牛乳をちょっと入れると、水っぽくならず卵白がクリーミーに仕上がります

3. 膨らんできたらひっくり返して火を通す [b]。キッチンペーパーにのせて水けをきり、冷蔵庫で冷やす。

[ソース]

4. 鍋にソースの材料を合わせて、弱火でキャラメルが溶けるまでじっくり火にかける。

5. **3**を器にのせ、上から**4**のソースをかける。
   * ソースは全体にかけないで、ちょっと白身を見せるような感じでかけてみてください

ウフアラネージュは大きなスプーン2つではさんで鍋に入れてゆでてください

けっこう膨らみます

コーヒームース

バター入りの艶やかでリッチなコーヒームースです。
ムースというより、クリームのような極上のデザート！
コーヒービートを飾れば、気軽にオシャレに美味しさアップです。

―― 材料
カップ3個分

生クリーム … 100mL
A
├ 卵黄 … 3個分
├ 湯 … 50mL
├ バター（食塩不使用）… 30g
├ てんさい糖 … 30g
└ インスタントコーヒー … 7g
コーヒービート … お好みで

―― 下準備
☐ インスタントコーヒーの素を分量の湯で溶かす。

おすすめの飲み物

マイヤーズ ラム オリジナルダーク
MYERS'S RUM Original Dark

生産者：マイヤーズ　MYERS'S
生産地：ジャマイカ

―― 作り方

1 ボウルに生クリームを入れ、7分立てに泡立てて、冷蔵庫で冷やす。

2 フライパンに水を入れ中火にかけ、Aを入れた別のボウルを置き湯煎で火を入れる[a]。ホイッパーで混ぜながら5〜10分かけて加熱し[b]、湯煎をはずして粗熱をとる。

3 1をもう一度しっかり角が立つまで泡立て、3回に分けて2に加えて混ぜ合わせる。器に入れ、冷蔵庫で1時間冷やす。

4 冷蔵庫から取り出し、コーヒービートをトッピングする。

湯煎のときは布などを敷くとボウルが動きにくくなります

とろっとするまで混ぜてください

ブルーベリームース

ブルーベリーの冷たくてやわらかなデザートです。
ジャムを他のフルーツに変えてももちろん OK です。
冷凍庫で固めるとアイスクリームのようになりますよ。

―― 材料
直径8cmココット6個分

ブルーベリージャム … 65g+65g
粉ゼラチン … 4g
水（ゼラチンをふやかす用）… 小さじ2
生クリーム … 150mL
ヨーグルト … 70g
飾りのブルーベリー … お好みで

―― 下準備
□ 粉ゼラチンを水でふやかす。
□ 器を冷蔵庫で冷やす。

おすすめの飲み物

シャンボール リキュール
Liqueur de Chambord

生産者：シャンボール　Chambord
生産地：フランス、ロワール地方

―― 作り方

1. 小鍋に、ジャムの半量、ふやかしたゼラチンを入れ、弱～中火で温めて火を止め、混ぜながら溶かす [a]。
   *ゼラチンが分解してしまうので沸騰させないでください

2. 1をボウルに移し、残りのジャムを入れて混ぜ合わせる。室温まで冷ます。

3. 別のボウルで生クリームを泡立て、**2**に加え、ヨーグルトも加えてゴムベラで混ぜ合わせる [b]。
   *生クリーム半分、ヨーグルトの順で混ぜ、残りの生クリームをふわっと入れて

4. 器に流し入れ、空気を抜き、ブルーベリーを飾り、冷蔵庫で1時間30分冷やす。
   *冷凍庫なら40〜50分で固まります

5. 冷蔵庫から取り出し、ブルーベリーを飾る。

透明なガラスの器に入れて作ってもきれいです。

冷たいお菓子

a ジャムと一緒に温めて、ゼラチンを溶かします

b 空気を入れながら、ふわっと、混ぜすぎないようにしてください

ヌガーグラッセ

フランスの定番中の定番デザートです。
イタリアンメレンゲを作って仕上げます。
通常ナッツはキャラメリゼして入れますが、そのままでもOKです。

材料
880mLテリーヌ型1個分

てんさい糖 … 20g
はちみつ … 50g
卵白 … 2個分
生クリーム … 200mL
ナッツ（ピスタチオ、アーモンド）、
　フルーツ（赤いドライフルーツ）
　　… 合わせて100g
ラム酒 … 20g
クランベリージャムのリメイク … 適量
＊ナッツはクルミなどお好みで大丈夫

[クランベリージャムのリメイク]
クランベリージャム … 100g
はちみつ … 大さじ2
レモン（すりおろした皮・果汁）… 1/2個

下準備

☐ ドライフルーツは刻んで、ラム酒に漬ける。
☐ ナッツを刻む。
　＊ナッツは細かく刻むより粗めのほうが美味しい
☐ 生クリームを泡立て、冷蔵庫に入れる。
☐ テリーヌ型にラップを敷く

作り方

[クランベリージャムのリメイク]

1. クランベリージャムとはちみつをボウルに入れ、レモンの皮をすりおろして加え、果汁を絞って混ぜる [a]。

[ヌガーグラッセ]

2. 小鍋にてんさい糖、はちみつを入れて、火にかけ120℃まで温める [b]。

3. ボウルに卵白を入れて泡立てメレンゲを立て、120℃の**2**を少しずつ加える。ツヤが出て、ツノができ、冷めるまで混ぜる。
　＊少しずつ入れないとダマになるので気をつけて
　＊卵白に温めたシロップを入れて立てたものを、イタリアンメレンゲと呼びます

4. 生クリームを泡立て直し、**3**に少しずつ合わせる。

5. ドライフルーツ、ナッツを加えてよく混ぜ、型に流し入れて空気を抜き、ラップをして冷蔵庫で12時間冷やす [c]。

6. 皿に**1**を敷き、**5**のヌガーグラッセを切ってのせる。
　＊包丁を湯にさらして温めるときれいに切れます

おすすめの飲み物

ホルヘ オルドニュス ヴィクトリア n°2
Jorge Ordonez Victoria n°2

生産者：ボデガス イ ヴィニュードス ボタニ
Bodegas y Vinedos Botani
生産地：スペイン、アンダルシア地方

クランベリージャムのリメイクをソースとして添えます

火を止めてからもしばらく温度が上がるので、110℃くらいで火を止めてください

急ぐ場合は冷凍庫で4時間強くらい冷やします

クレメダンジュ

日本でもクレームダンジュというフレッシュチーズで作るデザートが知られていますが、こちらはもう少し古いレシピになります。材料は用意しやすいので、ぜひお試しください。

―――― 材料

230mL ココット 2 個分

生クリーム … 60mL
バニラエッセンス … 数滴
卵白 … 30g（小さめの卵 1 個分）
てんさい糖 … 13g

[フルーツソース（作りやすい分量）]

てんさい糖 … 20g
冷凍フルーツ（赤いベリー）… 100g

おすすめの飲み物

ロゼ ダンジュ
Rosé d'Anjou
生産者：ドメーヌ デ オート ウーシュ
Domaine des Hautes Ouches
生産地：フランス、ロワール地方

―――― 作り方

1 ボウルに生クリームとバニラエッセンスを 1 滴程入れて泡立てる。
＊夏場はボウルを氷水に当てて泡立てると、きめの細かいホイップクリームになります。

2 別のボウルに卵白を入れて泡立て、メレンゲを作る。コシが出てきたら、てんさい糖を加えて角が立つまで泡立てる。

3 1 を再び泡立て、2 を 2 回に分けて加えて混ぜ合わせる。
＊1 回目はホイッパー、2 回目はゴムベラで混ぜましょう

4 ガーゼを敷いたココットに 3 を入れ [a]、空気を抜きながら包み [b]、冷蔵庫で 1 日冷やす。

[フルーツソース]

5 フライパンにてんさい糖を入れて強火にかけ、半分ほど溶けたら冷凍フルーツを加え、強火で炒める [c]。

6 4 を冷蔵庫から出して、ガーゼをはずして器に盛りつけ、5 をかける。

a

ガーゼで水切りをします

b

ハート型のココットで作ってもかわいいです

c

てんさい糖の周りが溶け始めるまで砂糖を動かさないのがポイントです

冷たいお菓子

クレームダンジュ

緑のキウイと黄色のキウイで作るときれいな色合い

―――― 材料

カップ2個分

キウイ(2色) … 各1個
クリームチーズ … 72g
プレーンヨーグルト … 72g (乳清含む)
生クリーム … 72mL
てんさい糖 … 7g

―――― 下準備

□ クリームチーズを常温に戻す。
□ キウイは皮をむいて輪切りにする。

―――― 作り方

1. ボウルにクリームチーズを入れ、ゴムベラでのばす。ヨーグルトを加えて混ぜ合わせる。生クリームを泡立てる間、冷蔵庫に入れる。
2. 別のボウルに生クリームとてんさい糖を入れて泡立てる。
3. 2に1を少しずつ加えて、混ぜ合わせ、冷蔵庫に入れて一晩冷やす。
4. 3を冷蔵庫から取り出して、器に盛りつけて、キウイを飾る。

おすすめの飲み物

ローランペリエ ドゥミ セック
LAURENT PERRIER Demi-Sec

生産者：ローランペリエ　LAURENT PERRIER
生産地：フランス、シャンパーニュ地方

セラドゥーラ

マカオで有名になった、ポルトガルスイーツ

―――― 材料

180mlカップ4個分

生クリーム … 200mL
コンデンスミルク … チューブ1本(120g)
バニラエッセンス … 適量
ビスケット … 12枚
金平糖 … お好みで

―――― 作り方

1. ボウルに生クリームを入れて泡立てる。
2. コンデンスミルク、バニラエッセンスを1に加えて混ぜる。
3. 器に砕いたビスケットと2が層になるように入れる [a]。最後に砕いた金平糖をちらして冷蔵庫で2時間冷やす。

おすすめの飲み物

レゲンゴ デ メルガッソ アルヴァリーニョ
Reguengo De Melgaço Alvarinho

生産者：レゲンゴ デ メルガッソ
Reguengo De Melgaço
生産地：ポルトガル、ヴィーニョ ヴェルデ地方

2のクリームを入れたら空気を抜いてください

桃のブラマンジェ

レモングラスの香りをつけた桃のブラマンジェです。
ぷるんぷるんに仕上がり、夏にぴったりのデザートに！
寒天を使って作る、イチゴのブラマンジェとは違った食感を楽しめます。

―――― 材料

290mLのグラス4個分

牛乳 … 450mL
てんさい糖 … 45g
アーモンドオイル … 数滴
粉ゼラチン … 7.5g
水（ゼラチンをふやかす用）… 大さじ3
生クリーム … 150mL
桃缶 … 1缶
レモングラス … お好みで

＊桃は缶詰ではなくフレッシュがあればフレッシュを
＊アーモンドオイルはアーモンドエッセンスでもOKです

―――― 下準備

☐ 粉ゼラチンを水でふやかす。
☐ 桃缶は果肉とシロップに分ける。

おすすめの飲み物

オリジナルカクテル
ペーシュ ド ヴィーニュ
Pêche de vigne

＊アンフュゼした桃のシロップ2：クレーム ド ペーシュ1：炭酸水3の割合で作るカクテル

―――― 作り方

1 鍋に牛乳、てんさい糖を入れて中火にかけて、アーモンドオイルを数滴たらし、ふやかしたゼラチンを加えて混ぜながら沸騰直前まで温める。

2 1をボウルに移し、底を氷水を入れたボウルにつけて冷やしながら生クリームを加えて混ぜる。

3 冷えてとろみがついたら、器に流し入れ、冷蔵庫で一晩冷やし固める。

4 小鍋に桃缶のシロップを入れて、レモングラスを3等分くらいに切って加える。沸騰させて火を止め、蓋をして5分くらい置いて香りをつけたら、氷水にあてて冷ます [a]。

5 ボウルに4と桃の果実を入れ [b]、ラップをして一晩冷蔵庫で寝かせる。

6 3に5の桃の果実をのせ、シロップも少しかけて完成。
＊桃はお好みでカットしてください。

レモングラスで香りをつけたシロップを氷水で冷やします

桃缶のシロップにレモングラスを加えて煮出し、香りをつけます。これをアンフュゼといいます

ジャスミンティーのブラマンジェ

フランスでは、ジャスミンは香水の原料にも使われるほど!
てんさい糖の優しくコクのある甘さのブラマンジェに
たっぷりのジャスミンシロップをかけて、心が弾む美味しさです。

―― 材料
カップ4個分

[ブラマンジェ]

てんさい糖 … 60g
水 … 100mL
粉ゼラチン … 8g
水(ゼラチンをふやかす用) … 適量
牛乳 … 500mL
生クリーム … 100mL
アーモンドエッセンス … 適量

[シロップ]

水 … 250mL
てんさい糖 … 50g
ジャスミンティーのティーバック … 2袋

―― 下準備

□ 粉ゼラチンは水でふやかす。
□ シロップを作って冷やす。

おすすめの飲み物

アイス ジャスミン ティー
Ice Jasmine tea

―― 作り方

[ブラマンジェ]

1 鍋にてんさい糖と水を入れて温め、てんさい糖を溶かす。火からおろし、ふやかしたゼラチンを加えて溶かす。

2 1に牛乳、生クリーム、アーモンドエッセンスを入れて泡立てないように混ぜる[a]。粗熱をとり器に入れて冷蔵庫で一晩冷やす。

[シロップ]

3 鍋に水とてんさい糖を入れて火にかけ、てんさい糖が溶けて沸騰したらジャスミンティーのティーバックを入れて火を止める。1〜2分おいて茶こしなどでこして冷蔵庫で一晩冷やす。

4 2に3のシロップを入れる[b]。

夏場は氷水をあてたりしてください

シロップはたっぷり入れてください

イチゴのブラマンジェ

寒天で作るバニラの香りがさわやかなブラマンジェです。
通常は寒天はコリコリしますが、
寒天の量を少なくしているので、滑らかな食感を楽しめます。

—— 材料
カップ2個分

A　牛乳 … 250g
　　グラニュー糖 … 50g
　　粉寒天 … 6g
　　バニラエッセンス
　　（あればバニラビーンズ）… 少々
生クリーム … 60mL
イチゴ … 6個
＊バニラビーンズの場合はビーンズと砂糖を混ぜる
　（P141参照）

—— 下準備

□ イチゴのヘタをとる。

おすすめの飲み物

ストロベリー マティーニ
Cocktail Strawberry Martini

—— 作り方

1　鍋にAを入れて火にかけ、混ぜながら沸騰させて、火からおろす。よく混ぜて寒天をしっかりと溶かす[a]。
2　粗熱をとり、生クリームを加え、混ぜ合わせる[b]。
3　2を器に流し入れ、冷蔵庫で約1時間冷やす。イチゴを上に飾る。

イチゴだけでなく、好きなフルーツを飾っても美味しいです。

冷たいお菓子

寒天は沸騰させ、混ぜてしっかり溶かさないと固まりません

急いでいるときは冷たい水を入れたバットに鍋底をつけて粗熱をとりましょう

コーヒーゼリー

日本特有のデザート、コーヒーゼリーです！
コーヒーを冷たくする習慣のない海外ではあまり知られていないコーヒーゼリー。
インスタントコーヒーと、少しのカルダモンでさらにお上品に召し上がれます。

―――― 材料

カップ4個分

A　水 … 400mL
　　てんさい糖 … 40g
　　カルダモン … 4粒

粉ゼラチン … 10g
水（ゼラチンをふやかす用）… 100mL
インスタントコーヒー … 10g
牛乳 … 50mL
コンデンスミルク … 10g

―――― 下準備

☐ 粉ゼラチンを水でふやかす。
☐ カルダモンは割る [a]。

おすすめの飲み物

カルーア
KAHLÚA

生産地：メキシコ

―――― 作り方

1　小鍋にAを入れて中火にかけ、てんさい糖を溶かす [b]。
2　火を止め、ふやかしたゼラチン、インスタントコーヒーを加える。
3　2が冷めたらこして器に流し入れ [c]、冷蔵庫で4～5時間ほどしっかり冷やす。
4　小鍋に牛乳とコンデンスミルクを入れて火にかけて少し温める（60～70℃くらい）。ハンドミキサーで泡立て [d]、3にのせる。

カルダモンをハサミで半分に切り、水に香りをつけます

沸騰する前に火を止めます

コーヒーゼリー液はこしながらグラスなどに移します。冷蔵庫で一晩くらい置くとプリンプリンになります

牛乳は軽く温めたほうが泡立てやすくなります。ハンドミキサーは100円均一ショップで購入しました

グレープフルーツプリン

グレープフルーツの苦いワタが大活躍のビストロ風デザートです！
食べると不思議と苦味は気にならず、いい風味がつきます。
低温でじっくり火入れするので、最高に滑らかな舌触りです。

―――― 材料

ココット4個分

グレープフルーツ（ルビー）… 1個
牛乳 … 250mL
卵 … 1個
卵黄 … 2個分
てんさい糖 … 35g

[キャラメル]

てんさい糖 … 50g
水 … 大さじ1
グレープフルーツの果汁 … 大さじ3

―――― 下準備

□ グレープフルーツは薄皮を皮ごとむき、カルチェにカットし（房から実を切り取る、P99参照）、残った果肉から果汁を絞る。

□ オーブンを140℃に予熱する。

おすすめの飲み物

ゲゼルマン トロッケンベーレン アウスレーゼ
Gesellmann Trockenbeeren Auslese

生産者：ゲゼルマン　Gesellmann
生産地：オーストリア、ブルゲンラント州

―――― 作り方

1 鍋にグレープフルーツのワタ、牛乳を入れて弱火でじっくり火を入れ、沸騰したら火を止め [a]、蓋もしくはラップをして10分蒸らす。

2 ボウルに卵、卵黄、てんさい糖を入れて混ぜ合わせる。1を少しずつこして加え、混ぜ合わせる [b]。
　＊ 温度が高いと卵がブツブツ固まるので、少し冷ましてから1をこします

3 2を器に流し入れ、140℃のオーブンで25～35分湯煎で焼く [c]。焼けたら粗熱をとり、冷蔵庫で冷やす。

[キャラメル]

4 鍋にてんさい糖、水を入れて強火にかけキャラメルを作る [d]。火を止め、グレープフルーツ果汁を加える。

5 3に4のキャラメルを流し、グレープフルーツを飾る。冷蔵庫で一晩冷やす。

むいたグレープフルーツの皮の表皮を切り取り、白い部分（ワタ）を使います

こすときに最後スプーンの裏などで残ったグレープフルーツのワタをよく押してください

バットなどに湯を張り、器をその中に入れてオーブンで焼きます（沸騰した湯で25分、沸騰していない湯は35分ほど）

加熱したてんさい糖と水が、写真のような状態になったら、冷たい水で濡らした布巾などの上にフライパンを移します

ソルティードッグゼリー

ウォッカベースのカクテル「ソルティードッグ」のゼリーです！
初夏にぴったりのグレープフルーツを使った、
甘さ控えめの爽やかな大人のスイーツです。

―――― 材料

4人分

グレープフルーツ(ホワイト・ピンク)
　…各1個
てんさい糖 … 40g
水 … 50mL
板ゼラチン … 5g
氷水(ゼラチンをふやかす用) … 適量
グレープフルーツジュース
　(絞った果汁と合わせて) … 250mL
ウオッカ … 大さじ2
塩(飾り用) … 少々

―――― 下準備

☐ 板ゼラチンはたっぷりの氷水でふやかしておく(粉ゼラチンの場合は水大さじ1.5でふやかす)。
☐ グレープフルーツはカルチェにカットする[a]。ワタに残った果汁は絞る。

> おすすめの飲み物
> クランベリージュースで
> シーブリーズカクテル見立て！

―――― 作り方

1. 鍋にてんさい糖と水を入れて火にかけて沸騰させる。てんさい糖が溶けたら、火を止めてゼラチンを加えて溶かす。
   ＊アルコール分を飛ばしたいときはウォッカも加えて沸かす。
2. ボウルにグレープフルーツの実、グレープフルーツジュース、ウォッカ、1を加えて混ぜ合わせる。
3. 2をバットに流し入れて冷蔵庫で一晩冷やす[b]。
4. 器の縁に水を塗り塩を付け、3のゼリーを盛りつける[c]。

グラスの縁の飾り方

1. グラスの縁を水で濡らす。
2. バットやお皿に塩や砂糖を広げ、縁を濡らしたグラスを逆さまにして押し付ける。

冷たいお菓子

房の内側にナイフを入れて、繊維に沿って切り、実を切り取り、房に分けるカルチェ切りをします

冷やし固めます

やわらかめのゼリーです

自家製アイスキャンディー

マンゴー杏仁バーとAZUKIバーが最高！

材料
アイスキャンディー型各3本

[マンゴー杏仁バー]

冷凍マンゴー … 100g

アーモンドミルク(砂糖不使用) … 140mL

コンデンスミルク … 20g

[AZUKIバー]

ゆで小豆 … 160g

甘酒 … 118g

下準備
☐ 冷凍マンゴーを解凍する。

作り方
1. マンゴーはボウルに入れてフォークなどでつぶし、アーモンドミルクとコンデンスミルクを加え、混ぜ合わせて、型に流す。
2. 別のボウルでゆで小豆、甘酒をしっかり混ぜ合わせて、型に流す。
3. 1と2を冷凍庫で一晩凍らせる。
4. 型ごと3を水につけ、アイスキャンディーを型から取り出す

> おすすめの飲み物

ミュスカ ド ボーム ド ヴニーズ
Muscat de Beaumes de Venise

生産者：ファミーユ ペラン　Famille Perrin
生産地：フランス、コート デュ ローヌ地方

桃のかき氷

レストランのデザートで大活躍のかき氷機で！

材料
1人分

ネクター … 120mL

水 … 200mL

白桃 … 1個

はちみつ … 大さじ1

イチゴジャム … 大さじ2

水(ジャムと混ぜる用) … 小さじ2

下準備
☐ ネクターに水を加え、製氷容器に流し、凍らせる。
☐ 白桃は皮をむき、ざく切りにする。
☐ 器を冷蔵庫で冷やす。

作り方
1. ボウルに白桃、はちみつを合わせてマリネし、冷蔵庫で冷やす。
2. 別のボウルに、イチゴジャム、水を混ぜ合わせる。
3. かき氷機で凍らせたネクターを削り、器に盛る。
4. 3に1と2をのせる。

> おすすめの飲み物

ベリーニ
Bellini

＊スパークリングワイン1：ネクター1の割合にグルナディンシロップ2〜3滴で作るカクテル

アイスクリームサンド

ホイップクリームとジャムで作る極上スイーツ

―――― 材料

7個分

生クリーム … 100mL
てんさい糖 … 10g
お好みのジャム … 100g
バタークッキー（市販品）… 1箱（14枚入り）

―――― 作り方

1. ボウルに生クリームを入れて、てんさい糖を加え、泡立てる。
2. 1にジャムを加えて混ぜ合わせる。
3. 2をクッキーにはさみ、冷凍庫で2時間以上凍らせる。

おすすめの飲み物

クレマン ド ブルゴーニュ ブラン ド ブラン
Crémant de Bourgogne Blanc de Blancs

生産者：ドメーヌ ハイツ ロシャルデ　Domaine Heitz-Lochardet
生産地：フランス、ブルゴーニュ地方

トリュフアイス

ひと手間かけるだけでさらに美味しくオシャレに！

―――― 材料

作りたい分量

バニラアイス … たっぷり
チョコレートアイス … たっぷり
ココアパウダー … 適量
トリュフ塩 … お好みで

―――― 下準備

☐ アイスは少しやわらかくしておく。

―――― 作り方

1. 小さめの器にラップを敷き、バニラアイスを入れ、その上にチョコレートアイスをのせ中に入れるように包む [a]。タオルなどで成形する。
2. 1を冷凍庫に約1〜2時間入れて落ち着かせる。ラップをはがし、ココアパウダーをまぶし、好みでトリュフ塩をかける。

おすすめの飲み物

グリフォイ デクララ ベルモット ロホ
Grifoll Declara Vermouth Rojo

生産者：グリフォイ デクララ　Grifoll Declara
生産地：スペイン、カタルーニャ

ダムブランシュ

ベルギーのデザートですが、フランスでも人気です。
白い貴婦人と呼ばれる、チョコレートをかけたアイスクリームと
生クリームのデザートでチョコのパリパリの食感をお楽しみください。

―――― 材料

一皿分

バニラアイス … たっぷり
チョコレート … お好みで

[メレンゲクッキー（作りやすい分量）]

卵白 … 2個分
てんさい糖 … 50g

[クレームシャンティ（作りやすい分量）]

生クリーム … 100mL
てんさい糖 … 10g

―――― 下準備

☐ 天板にクッキングシートを敷く。
☐ オーブンを100℃に予熱する。

おすすめの飲み物

シャトー ドリニャック ピノ デ シャラント
Château d'Orignac Pineau des Charentes

生産者：シャトー ドリニャック　Château d'Orignac
生産地：フランス、コニャック地方

―――― 作り方

[メレンゲクッキー]

1　ボウルに卵白を入れ、泡立てる。途中でてんさい糖を加えてメレンゲを立てる。絞り袋に入れて絞り、100℃のオーブンで1時間焼く。粗熱をとる。

[クレームシャンティ]

2　ボウルに生クリームを入れ、てんさい糖を加えて泡立てる。

3　フライパンに水を入れ沸騰させて火を止め、チョコレートを割り入れたボウルをおき、湯煎でチョコレートを溶かす [a]。

4　バニラアイスとクレームシャンティとメレンゲクッキーを器に楽しく盛りつけ、3をかける [b]。

一度沸騰したら火を止めて、チョコレートを溶かします

溶かしたチョコレートを上からたっぷりかけます

アイスのクレープ包み

りんごのキャラメリゼとチョコレートソースで！
温かくて、冷たい、甘いものを
クレープで包んで楽しめるデザートです。

―― 材料

2個分

クレープ … 2枚
キャラメルアイス … お好みで
チョコレートソース … お好みで

[りんごのキャラメリゼ]
りんご … 1/2個
バター（食塩不使用）… 10g
てんさい糖 … 10g
シナモン … 少々
＊爪楊枝を使わない場合はゆでた万能ネギ

―― 下準備

☐ クレープを作る（P25参照）。
☐ りんごは角切りにする [a]。

おすすめの飲み物

ペリエ ジュエ ベル エポック
Perrier-Jouët Belle Époque

生産者：ペリエ ジュエ　Perrier-Jouët
生産地：フランス、シャンパーニュ地方

―― 作り方

[りんごのキャラメリゼ]

1 スキレットにバター、りんご、てんさい糖、シナモンを入れて中火にかけ、炒める [b]。りんごが色づいたら火を止め、粗熱をとる。

2 クレープを広げ、1とアイスをのせて包み [c]、爪楊枝でとめる [d]。

3 スキレットにクレープ包みをのせて強〜中火にかけて温め、火を止める。チョコレートソースをかける。
＊アイスが溶けすぎない程度に温めてください

りんごの皮が気になる場合はむいてください

これくらいになったら火を止めて

クレープの茶巾風に包みます

爪楊枝ではなくゆでた万能ネギで結ぶのが三國バージョンです

AZUKIサンド

四ツ谷に「たいやき　わかば」というたい焼きの名店があるのですが、
その店で売っているあんこでサンドイッチを作ってみました。
あんこはみなさんお好きなものを使ってみてくださいね。

―――― 材料
食パン2枚分(1人分)

食パン(8枚切り)… 2枚
バター(食塩不使用) … 15g
あんこ … 適量
カルダモンパウダー … 少々

[ジャム (2〜4人分)]
冷凍ミックスベリー … 1袋
はちみつ … 50g
レモン汁 … 大さじ1
カルダモンパウダー … 適量

おすすめの飲み物
福来純　長期熟成本みりん
古々美醂
生産者：白扇酒造
生産地：日本、岐阜県

―――― 作り方

[ジャム]

1. 鍋にジャムの材料を全部入れて強火にかけ、沸騰したら弱火にして5分煮る [a]。粗熱をとり、冷蔵庫で冷やす。

2. 食パンにバターを塗り、オーブントースターでこんがりと焼く。あんこ、1の順に塗って [b]、もう1枚の食パンではさみ、カルダモンパウダーをふり、食べやすく切る。

冷凍フルーツを凍ったまま加熱するので、実がくずれません

ジャムはパンの端まで塗りましょう

自家製ジャム　AZUKIサンドにはさんだものとは違うジャムの作り方も紹介します

―――― 材料
作りやすい分量

冷凍ミックスベリー … 400g
てんさい糖 … 150g
レモン(果汁) … 1個

―――― 下準備

□ レモンを半分に切って、果汁を絞る。

―――― 作り方

1. ボウルに冷凍ミックスベリーを入れ、てんさい糖、レモン汁をまぶして解凍する。
2. 鍋に1を入れて、中火で混ぜながら15分ほど煮詰める。
   ＊ 弱火だときれいな色に仕上がらないので中火で煮詰めてください

トースターでフレンチトースト

オーブントースターで簡単に作れるフレンチトーストをご紹介！
食パンがアパレイユを全部吸ってふわふわに焼き上がり、シナモンのいい香りも。
お好みで冷凍フルーツ、チーズなどをトッピングしても楽しくなりますよ。

パンのお菓子

―――― 材料
直径20cmスキレット1個分(2人分)

[アパレイユ]

卵 … 2個

A ｜ 牛乳 … 150mL
　｜ てんさい糖
　｜ 　… 20g（トッピング用に少しとっておく）
　｜ シナモンパウダー … 少々

食パン(6枚切り) … 2枚
バター(食塩不使用) … 20g
アイスクリーム … お好みで
＊アイスクリームはバニラでもストロベリーでもお好きな味を

おすすめの飲み物

シャトー リューセック
Château Rieussec

生産地：フランス、ボルドー地方

―――― 作り方

[アパレイユ]

1. ボウルに卵を溶きほぐし、Aを加えて混ぜ合わせる。

2. スキレットに食パンをちぎりながら入れ、1を回しかける。トッピング用にとっておいたてんさい糖をふりかけて、バターをちぎってのせる。
   ＊冷たいバターを使いましょう

3. 2をオーブントースター(低温)で15分くらい焼く [a]。
   ＊焼き色が薄かったら高温で3分ほど追加で焼いてください

4. 焼き色がついたら取り出し、アイスクリームをのせる。

アイスが溶けてくるので早めに召し上がってください。

てんさい糖も美味しそうな焼き色がつきます

ラムレーズンのフレンチトースト

大人のためのフレンチトーストです。ラムとミルクの相性が最高！
てんさい糖でキャラメリゼして仕上げれば、
極上のスイーツになります。

―――― 材料
食パン1枚分(1人分)

卵 … 1個
牛乳 … 100mL
ラム酒 … 大さじ1
レーズン … 20g
食パン … 1枚
バター(食塩不使用) … 10g
てんさい糖 … 大さじ1/2 + 1/2
アイスクリーム … お好みで

―――― 下準備

☐ レーズンを湯で戻して湯をきり、5〜10分ほどラム酒に漬ける。
☐ 牛乳を少し温める。
　＊50℃くらいに温めるとパンに早くしみ込みます

おすすめの飲み物

岩の原ワイン 善
生産者：岩の原葡萄園
生産地：日本、新潟県

―――― 作り方

1 バットに卵、牛乳、レーズンを漬けておいたラム酒を入れて混ぜ合わせ、食パンを浸す [a]。
　＊レーズンは入れないでください

2 フライパンにバターを入れ、強火にかけてバターを溶かす。バターが泡立ったら、中火にして**1**を入れ、卵液を焼き固める。

3 **2**をひっくり返し [b]、てんさい糖の半量をふりかける。卵液が固まったら再びひっくり返し、残りのてんさい糖をふりかけて火を通す。
　＊焦げないように中火にしてじっくりと焼いてください

4 ある程度焼き色がついたら、さらに2回パンをひっくり返しながら火を通す。最後にひっくり返す際、レーズンをあいたスペースに入れる [c]。

5 火を止めて、フレンチトーストのみを取り出す。レーズンは余熱でさらに温める。

6 フレンチトーストを2等分して器に盛り、その上に**5**のレーズンとアイスクリームを盛りつける。

パンの耳を押すと液がしみ込みやすくなります

この段階では焼き色はつけなくてOKです

今回はカリフォルニアレーズンを使用。余熱で温めればOK

抹茶フレンチトースト

市販の抹茶ラテを使った、
らくらくフレンチトーストです。
型に入れて、オーブンに入れれば、あっという間にできあがります。

―――― 材料

1Lグラタン皿1個分

卵 … 3個
抹茶ラテ … 200mL
塩 … ひとつまみ
食パン（6枚切り）… 4枚
ゆで小豆 … 200g
あんずジャム … 50g
バター（食塩不使用）… 20g
抹茶パウダー、
　または粉糖（仕上げ用）… お好みで

―――― 下準備

☐ オーブンを200℃に予熱する。

おすすめの飲み物

エスプレッソ カルーア
＊エスプレッソ9：カルーア1で作るカクテル

―――― 作り方

1　バットに卵を溶きほぐし、抹茶ラテ、塩の順に加えてつど混ぜ合わせ、食パンを浸す [a]。

2　グラタン皿に、**1**の食パンを2枚並べ、ゆで小豆、あんずジャムの順番に重ねて塗る [b]。

3　**2**の上に残りの食パンをかぶせ、ゆで小豆とあんずジャムが平らになるようにぎゅっぎゅっと押し、**1**の余った液を上からかけ、バターをのせる [c]。

4　**3**を200℃のオーブンで25分焼く。焼けたら粗熱をとり、抹茶パウダーもしくは粉糖をかける。

この時しっかりとパンに液を吸わせてください

パン全体に塗ってください

冷たいバターをのせてください

イチゴサンドイッチ

イチゴがぎっしり詰まったフルーツサンドイッチです。
ホイップクリームにはヨーグルトを入れて、軽い口当たりにしました。
お好きなフルーツでもお試しください。

── 材料

2〜4人分

食パン（8枚切り）… 4枚
イチゴ … 18個
A　生クリーム … 200mL
　　ギリシャヨーグルト
　　（水切りヨーグルトでもOK）… 110g
　　てんさい糖 … 大さじ1

── 下準備

☐ ギリシャヨーグルトを水切りする。
　＊ボウルにザルをのせてキッチンペーパーを敷き、ヨーグルトをのせラップをして冷蔵庫で2〜3時間おく
☐ イチゴのヘタをとる。

> **おすすめの飲み物**
>
> **イチゴカルピスの紅茶風味**
> ＊グラスに氷を入れ、イチゴ味のカルピスを¼注ぎ、ティフィン（紅茶リキュール）を1ティースプーン加え、炭酸でアップする。

── 作り方

1. ボウルに**A**を入れてツノが立つまで泡立てる。
   ＊夏場はボウルを、氷水を入れたボウルにのせてください
2. 食パンは2枚1組にし、1枚に**1**の半量を塗り、イチゴを対角線上に3個並べる [a]。
3. さらにイチゴを並べて、食パン1枚にイチゴを9個のせる [b]。上から残りのホイップクリームを塗り、食パンを1枚かぶせる。残りの食パン1組も同様にする。
4. ラップを2枚重ねて**3**を1組ずつ包む [c]。冷蔵庫で30分寝かせる。
5. 食パンの耳の部分4辺をカットし [d]、対角線上に切る。

工程**5**で最初に並べたイチゴの対角線できると断面がそろって美しくなります

残りのイチゴを並べます

上からぎゅっぎゅっと押して、パンと具をなじませましょう

包丁を湯で温めて切ると、きれいに切れます

パンにも塗れるクリーム①　ラブネ

—— 材料
作りやすい分量

ヨーグルト … 400g
塩 … 小さじ1/4

—— 作り方
1　ボウルにヨーグルト、塩を入れ混ぜ合わせる。
2　ザルにサラシを敷いて**1**を入れ、好みの濃度になるまで水けをきる。
＊半日だと少し硬め、1日だと硬めに仕上がります

〈ラブネを使ったレシピ〉ピーナッツトースト

—— 材料
1人分

食パン … 1枚
ピーナッツバター … お好みで
ラブネ … 30g
バタピー … お好みで
アガベシロップ … お好みで

—— 作り方
1　食パンをオーブントースターで焼く。
＊焼いた食パンを縦に3等分に切ると食べやすいです
2　**1**にピーナッツバター、ラブネの順番で塗り、バタピーをのせて、その上からアガベシロップをたっぷりかける。

パンにも塗れるクリーム②　レモンクリーム

—— 材料
作りやすい分量

A　卵黄 … 2個分
　　　てんさい糖 … 60g
　　　コーンスターチ … 15g
レモン（すりおろした皮・果汁）
　　… 1個（レモン汁なら50mL）
牛乳 … 250mL

—— 下準備
☐ レモンの皮をすりおろし、半分に切って果汁を絞る。
☐ 牛乳を火にかけ沸騰させる。

—— 作り方
1　鍋に**A**とレモンの皮と果汁を入れて混ぜ合わせる。
＊まだ火にはかけません
2　沸騰させた牛乳を少しずつ**1**に入れ、しっかり混ぜる。中〜弱火にかけ、鍋底をヘラでこするようにして、常に混ぜながら2〜3分、クリーム状になるまで火を入れる。
3　バットに広げ粗熱をとり、冷蔵庫で冷やす。

〈レモンクリームを使ったレシピ〉パイのせ

—— 材料

源氏パイ（市販品）… お好みで
レモンクリーム … お好みで
タイム … お好みで

—— 作り方
1　レモンクリームを絞り袋に入れる。
2　源氏パイに**1**を絞り、タイムを飾る。

パンオショコラ

冷凍パイシートで簡単にチョコクロワッサン風が作れます。
本来はイーストとバターで膨らませるクロワッサン生地を使いますが、ご家庭では市販のパイシートを使うとラク！

―――― 材料

8個分

冷凍パイシート(正方形)… 1枚
チョコレート … 8カット
卵黄 … 適量
薄力粉(打ち粉用) … 適量
＊チョコレートは好みの味を使ってください

―――― 下準備

□ 冷凍パイシートは解凍し、打ち粉をして8等分に切る。
□ チョコレートを冷やす。
□ 天板にクッキングシートを敷く。
□ オーブンを200℃に予熱する。

おすすめの飲み物

ディアボロ フレーズ
Diabolo fraise
＊イチゴのシロップを炭酸で割ったフランスのカフェの定番ドリンクです

―――― 作り方

1　パイシートにチョコレートをのせ、とじ目に卵黄を塗り、巻く [a]。

2　1の表面にも卵黄を塗り [b]、200℃のオーブンで22分焼く。

フランスっぽくボリュームたっぷりにしましたが、生地をさらに半分にして麺棒で少しだけ伸ばして、小さめの日本らしい『チョコクロワッサン』にしても可愛いですね。あっという間にできるので、おやつにも朝食にも！温かいとより美味しいので、冷めたら少し電子レンジなどで温めてください。

チョコレートの幅とパイシートの幅が同じくらいになるようにします

巻いたパイシートの表面に卵黄をたっぷり塗りましょう

パンのお菓子

ババオーラム風

フランスのババ、ラム酒につけたデザートです。

──── 材料

4人分

ブリオッシュパン … 2個

[シロップ]

A｜オレンジジュース … 500mL
　｜ラム酒 … 大さじ2

ヨーグルト … 適量

＊ブリオッシュパンがなければ食パンで作ってみてください

──── 作り方

1　ブリオッシュパンを厚めに切る。
2　バットにAを入れて混ぜ、固い方を下にして1を浸す[a]。
3　冷蔵庫で、一晩漬ける。

皿に盛るときシロップをかけ、ヨーグルトを添えて召し上がってください

　おすすめの飲み物　

グラン マルニエ コルドン ルージュ
Grand Marnier Cordon Rouge

生産者：マルニエ ラポストル　Marnier Lapostolle
生産地：フランス

パンアイス

ブリオッシュではなく、食パンの上にのせても！

──── 材料

ブリオッシュ … 食べたいだけ
好きなアイスクリーム … 食べたいだけ
好きなフルーツ … 食べたいだけ
好きなナッツ … 食べたいだけ
＊今回はイチゴとピスタチオを使いました

──── 下準備

☐ 好きなアイスクリーム、トッピングを用意する。
☐ フルーツは食べやすい大きさに切る。

──── 作り方

1　ブリオッシュを半分に切り、アイスクリームとフルーツやナッツをはさむ[a]。

　おすすめの飲み物　

ラタフィア ド シャンパーニュ「グルマンディーズ」
Ratafia de Champagne "Gourmandise"

生産者：クレモン ペルスヴァル　Clément Perseval
生産地：フランス、シャンパーニュ地方

ひっくり返す必要はありません。一晩経つと、シロップがしっかりしみ込みます

スプーンを熱湯につけて温めてからアイスクリームをすくうと、きれいにアイスをのせられます

113

パンプディング〜パンペルデュのフラン〜

直訳すると「余ったパンのプリン」という名のスイーツです。
フランスパンは硬くなったものでも大丈夫。
クレームシャンティ（ホイップクリーム）を添えると本格的です。

―― 材料

880mLテリーヌ型1個分

フランスパン … 150g

[キャラメル]

てんさい糖 … 60g
水 … 20mL

[フラン液]

牛乳 … 250mL
卵 … 3個
てんさい糖 … 50g
レーズン … 40g
ラム酒 … 30mL

―― 下準備

□ フランスパンは1.5cm角にちぎる [a]。
□ レーズンはラム酒に漬ける。
□ オーブンを170℃に予熱する。

―― 作り方

1. フライパンにてんさい糖と水を入れて強火で動かさずに熱し、茶色く色がついたら火を止め [b]、テリーヌ型の底に敷く。
2. ボウルにフラン液の材料を加えて混ぜ合わせる。
3. ちぎったフランスパンを**1**に入れて、**2**を流し入れる。
   * スプーンなどで上のほうのパンを押さえながら、パン全体が液に浸るようにしてください
4. 耐熱容器に湯を張って、**3**をのせ [c]、170℃のオーブンで40分湯煎で焼く。粗熱をとり、冷蔵庫で一晩冷やす。

おすすめの飲み物

シェフ三國のヴァンショー

＊赤ワイン300mL、ラム酒大さじ1を沸かしてアルコールを飛ばす。輪切りにしたみかん（2個分）、しょうがの輪切り3枚、はちみつ大さじ2、八角1個、シナモンスティック1本、グローブ3粒を加えて、沸かさないようにしながら3分ほど煮込む。

フランスパンは包丁で切るより、手でちぎるのがおすすめ

てんさい糖は色が濃いので、焦げるタイミングに注意！

湯煎で火を入れます

クロワッサンオザマンド

フランスのパン屋さんの定番商品です。
パンオショコラで作っても絶品です！
アーモンドクリームをたっぷり塗って焼いてください。

パンのお菓子

―――― 材料

3個分

[アーモンドクリーム]

バター（食塩不使用）… 50g

てんさい糖 … 50g

卵 … 1個

アーモンドパウダー … 50g

クロワッサン … 3個

アーモンドスライス … 適量

粉糖（仕上げ用）… 適量

―――― 下準備

☐ バターを常温に戻し、ポマード状にする。

☐ 天板にアルミホイルを敷く。

☐ オーブンを190℃に予熱する。

おすすめの飲み物

アルベアル ペドロ ヒメネス デ アニャーダ
Alvear Pedro Ximénez de Anada

生産者：アルベアル　Alvear
生産地：スペイン、アンダルシア地方

―――― 作り方

[アーモンドクリーム]

1　ボウルにバターとてんさい糖を入れて混ぜ、卵、アーモンドパウダーを加えて混ぜ合わせる。

2　クロワッサンに包丁で切り込みを入れ [a]、1のアーモンドクリームを断面に塗り [b]、残りのクリームを表面に塗って [c]、アーモンドスライスを飾る。

3　190℃のオーブンで10〜13分焼く。仕上げに粉糖をふる。

パン切り用の刃がギザギザの包丁があればそれで切ってください

アーモンドクリームを断面全体に塗ります

写真のようにクリームを塗ることをナッペと言います

クロックケーキ

チョコレートがきたと思ったらバナナがきて、
クロワッサンのダブルパンチで美味しいです。
はさんで詰めて焼くだけですが、びっくりする美味しさです。

―――― 材料

880mLテリーヌ型1個分

クロワッサン … 2個
バナナ … 2本
チョコレート … 50g
アーモンドパウダー … 大さじ3

[アパレイユ]

卵 … 2個
牛乳 … 150mL
てんさい糖 … 40g

―――― 下準備

☐ バナナは輪切りにする。
☐ チョコレートを割る。
☐ テリーヌ型にクッキングシートを敷く。
☐ オーブンを180℃に予熱する。

おすすめの飲み物

テヌータ カレッタ モスカート ダスティ
Tenuta Carretta Moscato d'Asti

生産者：テヌータ カレッタ　Tenuta Carretta
生産地：イタリア、ピエモンテ地方

―――― 作り方

1 ボウルにアパレイユの材料を合わせる。
2 クロワッサンに包丁で切り込みを入れ [a]、バナナとチョコレートを半量ずつはさみ [b]、半分に切る。
3 2を型に詰めて [c]、アパレイユを流し、しみ込ませる [d]。
4 3の表面にアーモンドパウダーをたっぷりまぶして、180℃のオーブンで35分焼く。粗熱をとり、型から抜く。

大人の方はラム酒をかけて、冷やして翌日食べるのも最高です。

パン切り用の刃がギザギザの包丁があれば使ってください

先にバナナをはさみ、隙間にチョコレートをはさみます

クロワッサンが互い違いになるように型の中で並べてください

この上にアーモンドパウダーをふりかけます

MIKUNI ラスク〜甘い編〜

甘いラスクです。バターをたっぷり使って、
パンにしっかりしみ込ませるのがポイント。
保存袋などで真空状態にしてマリネしてから焼いてもいいですね。

材料

9個分

フランスパン … 9枚カット
バター（食塩不使用）… 70g
てんさい糖 … 30g
ココアパウダー … お好みで
抹茶パウダー … お好みで

下準備

☐ パンを1〜1.5cm厚さに切る。
☐ 天板にクッキングシートを敷く。
☐ オーブンを160℃に予熱する。

おすすめの飲み物

ヴィクトリア マラガ №2
Victoria #2 Malaga
生産者：ホルフェ オルドネス　Jorge Ordóñez
生産地：スペイン、アンダルシア地方

作り方

1 フライパンにバターを入れて中火にかける。バターが溶けたら火を止め、てんさい糖を加えて混ぜ合わせる。
＊てんさい糖は完全に溶けずジャリジャリしていて大丈夫です

2 天板に切ったフランスパンを並べ、**1**をしみ込ませるように両面に塗る[a,b]。
＊保存袋にフランスパンと1を入れると、ムラなくしみ込みますし、作業が楽です

3 160℃のオーブンで20分焼く。仕上げに、ココアパウダーや抹茶パウダーをふりかける。

ココアパウダーや抹茶パウダー以外のお好みのパウダーで味の変化を楽しんでください。

パンのお菓子

a パンの両面にしっかりしみこませてください

b スプーンの背などで押すようにして、しみこませても

イチゴのフレンチトースト

フランスパンで作るフレンチトーストです。
食パンよりアパレイユを吸うのに時間がかかるので、
前日に漬けておいてもいいですね。

―――― 材料

2〜3人分

フランスパン … 20cmくらい
バター（食塩不使用）… 30g

[アパレイユ]

卵 … 2個
牛乳 … 150mL
てんさい糖 … 20g

[イチゴソース]

イチゴ … 250g
てんさい糖 … 30〜70g
　（イチゴの甘さによって調整を）
レモン汁 … 小さじ1

[トッピング]

イチゴ … お好みで
バジル … お好みで
ミント … お好みで

―――― 下準備

☐ フランスパンは3〜4cm厚さに切る。
☐ イチゴのヘタをとる。

―――― 作り方

1 バットにアパレイユの材料を合わせ、切ったフランスパンを浸し、冷蔵庫で30分ほど寝かせる [a]。

2 鍋にソース用のイチゴ、てんさい糖を入れ、火にかけて少し煮立たせる [b]。飾り用に煮たイチゴを少し取り分け、残りは粗熱をとり、レモン汁を加えてミキサーにかけピューレにする。
　＊ 鍋にてんさい糖がこびりついていたら、少し水を入れ火にかけて溶かし、ミキサーに一緒に入れてください

3 2の取り分けたイチゴとピューレを鍋に戻し、中火にかけ、沸騰したら火を止める。

4 フライパンにバターを熱し、中火にしてじっくり1を焼く [c]。皿に盛りつけ、3をかけ、トッピングのイチゴ、バジルやミントを飾る。

> おすすめの飲み物

ジョアネス リオテ エ フィス エキストラ ドライ ロゼ
Joannès-Lioté et fils extra Dry Rosé

生産者：ジョアネス リオテ エ フィス　Joannès-Lioté et fils
生産地：フランス、シャンパーニュ地方

パンにアパレイユをよく吸わせてください

てんさい糖がイチゴにからんだら、飾り用に数個取り分けます

美味しそうな焼き色がつくくらい何回かひっくり返し、両面焼きましょう

桃のフレンチトースト

桃の香りを移したシロップを使った、
甘～～～くて、いい香りがするフレンチトーストです。
コンポートがないときは、桃の缶詰でもOK！

── 材料

2人分

A ｜ 卵 … 1個
　｜ 牛乳 … 大さじ2
　｜ 桃のコンポートのシロップ … 60mL

バゲット（厚切り）… 4枚
バター（食塩不使用）… 15g
てんさい糖 … 大さじ1

[トッピング]

桃のコンポート … お好みで
ミント … お好みで
粉糖 … お好みで

＊桃のコンポートがないときは桃の缶詰を使ってください

── 下準備

☐ 桃のコンポートを作る（P143参照）

おすすめの飲み物

クレマン ド リムー ブリュット レゼルヴ ブラン
Crémant de limoux Brut Réserve Blanc

生産者：エシュ エ バニエ　Hecht & Bannier
生産地：フランス、ラングドック地方

── 作り方

1　バットに**A**を入れて混ぜ合わせ、バゲットを浸し[a]、冷蔵庫で30分ほど寝かせる。

2　フライパンにバターとてんさい糖を入れ、中火にかけ、色がついてきたら**1**を加える[b]。弱火～中火で何度かバゲットをひっくり返しながら、じっくり両面を焼く。

3　バゲットに焼き色がついたら**2**に桃のコンポートを入れ、一緒に焼く[c]。

4　皿に盛り、ミントや粉糖をあしらう。

パンのお菓子

バゲットを両面押さえながら卵液を吸わせます

てんさい糖とバターを入れたら、動かさずじっと待ち、色づいてきたらバゲットを加えます

桃も焼き色をつけてください

白いピザ〜甘い編〜

生クリームにお好みのジャムを混ぜるだけで、素敵なソースを作れます。
酸味もきいていて、まろやかな美味しさ！
忙しい方はピザ生地ではなく食パンで作ってみてください。

―――― 材料

天板1枚分

[ピザ生地]

強力粉 … 200g
ぬるま湯 … 120mL
オリーブオイル … 30mL
ドライイースト … 3g
塩 … 3g
てんさい糖 … ひとつまみ

[ピザソース]

りんごジャム … 100g
生クリーム … 50mL
ジンジャーパウダー … ひとつまみ

りんご（紅玉）… 1〜2個
ホワイトチョコレート（仕上げ用）… 適量
強力粉（打ち粉用）… 適量

―――― 下準備

□ ボウルにピザソースの材料を合わせる。
□ りんごは極薄切りにする [a]。
□ 天板にクッキングシートを敷く。
□ オーブンを230℃に予熱する。

―――― 作り方

[ピザ生地]

1. フードプロセッサーにピザ生地の材料を入れて撹拌する。軽く丸めてボウルに入れ、そのまま冷蔵庫に入れて1時間ほど寝かせる。

2. 台に打ち粉をし、1のピザ生地を天板の大きさに合わせて麺棒で伸ばす。
   ＊麺棒にも打ち粉をして生地を伸ばしてください

3. 2にピザソースを塗り [b]、りんごを並べる [c]。

4. 230℃のオーブンで15〜20分焼く。仕上げにホワイトチョコレートをおろし金で削ってかける。

おすすめの飲み物

ビーニャ サンタ マリーナ ヴィオニエ レイト ハーベスト
Vina Santa Marina Viognier Late Harvest

生産者：ビーニャ サンタ マリーナ　Vina Santa Marina
生産地：スペイン、エクストレマドゥーラ州

フルーツのお菓子

りんごは皮付きのまま、半分に切り、芯を包丁でくりぬき、薄切りにします

ソースは生地全体にまんべんなく塗ってください

りんごは、少しずつ重ねながら3〜4列に並べます

バナナのキャラメルソテー

バナナの甘さが引き立つ温かいデザートです。
皮をむいたら切らずにそのままソテーを。
キャラメルとアイスが絡んで贅沢な味わいになります。

―― 材料

2人分

バナナ … 2本
グラニュー糖 … 50g
バター（食塩不使用）… 20g
アーモンドスライス … 10g
バニラアイス … 適量
はちみつ … 20g

―― 下準備

☐ バナナの皮をむく。

おすすめの飲み物

カクテル「ダークラムのソーダ割り」
Cocktail Dark Rum Soda

―― 作り方

1 フライパンにグラニュー糖を入れて、中火～強火にかける。
2 **1**がキャラメル色になったら、バターを加えて弱火にし[a]、皮をむいたバナナとアーモンドスライスを加え、炒める[b]。
3 器に**2**を盛り、バニラアイスを添えて、はちみつをかける。

バターはグラニュー糖が溶ける寸前に入れてください

濃いキャラメル色に焼けたら、アイスとともに盛りつけて、はちみつをかけて

みかんのスープ

日本の冬を代表するフルーツのみかんをスープ仕立てに。
身体に優しくビタミンが染み渡るようなスープです。
シナモン、バニラ、リキュールなどの風味をつけるのもおすすめ。

----- 材料
2～4人分

みかん … 4個
生姜 … 少々
水 … 300mL
はちみつ … 大さじ2
ローズマリー … ½本

----- 下準備

☐ みかんは皮をむき、横半分に切る [a]。
　＊皮も使うので置いておいてください
☐ 生姜はせん切りにする。

おすすめの飲み物

コアントロー
Cointreau

生産者：コアントロー　Cointreau
生産地：フランス

----- 作り方

1　鍋にみかんの皮、生姜、水、はちみつを入れて中火で沸騰させる。
2　1にみかんの実、ローズマリーを加えて、弱火で5分ほど煮る [b]。
　＊鍋の中でみかんの実を皮で覆うようにして煮てください
3　粗熱をとり、冷蔵庫で一晩冷やす。みかんの皮をとり、皿に盛りつける。

粗熱を早くとる

粗熱をとるとき、鍋と台の間に箸やヘラをはさむと熱が逃げやすくなって早く冷ませます。

日本のみかんはやわらかくてすぐに崩れるため、厚く切ります

ローズマリーは香りが強いので、½本くらい入れれば十分

焼きグレープフルーツ&甘夏

柑橘をオーブンでローストしました。
温かいフルーツってじんわりと身体に染みるんですよね。
2種類の柑橘の酸味も楽しめます。

―――― 材料

2〜4人分

グレープフルーツ … 1個
甘夏 … 1個
てんさい糖 … 30g
バター（食塩不使用）… 40g
シナモン … 少々

―――― 下準備

□ バターを小さく切る。

□ オーブンを200℃に予熱する。

おすすめの飲み物

Costa Bricco Asti Spumante
コスタ ブリッコ アスティ・スプマンテ

生産者：コスタ ブリッコ　Costa Bricco
生産地：イタリア、ピエモンテ州

―――― 作り方

1 グレープフルーツと甘夏は、どちらも横半分に切り、種を取る。実と皮の境目の白い部分に沿って包丁で切り込みを入れ、房と房の間にも切り込みを入れる [a]。

2 1の断面にてんさい糖とシナモンパウダーをふりかけ、バターをのせ、200℃のオーブンで15分焼く [b]。
 * てんさい糖、バター、シナモンを練り混ぜてからフルーツに塗ってもOKです
 * バターの替わりにオリーブオイルやアボカドオイルを使ってもいいですね

実と皮の境目に隠し包丁を入れます。房と房の間にも切り込みを。
こうすることで食べやすくなります

アルミ箔をぐしゃぐしゃにしてその
上にのせると焼くとき安定します

みかんのジブレ

昔からフランスの子どもたちに人気の冷たいデザートです。
ゼラチンを使えば簡単で、果実を残さず、
全部くり抜いてたっぷりシャーベットを詰めてもいいですね。

―――― 材料

4人分

柑橘（今回はみかん）… 4個
てんさい糖 … 50g
オレンジジュース … 500mL
粉ゼラチン … 5g
＊今回はポンジュースを使用しました

―――― 下準備

☐ みかんで蓋と器を作る [a]。

―――― 作り方

1. 小鍋にオレンジジュースを少し入れて中火にかけて温め、てんさい糖と粉ゼラチンを入れて溶かす。
2. ボウルに残りのオレンジジュースとそいだみかんを入れ、1を加えてかき混ぜる。
3. 保存袋に2を入れて平たくして、冷凍庫で凍らせる [b]。みかんの蓋と器も一緒に凍らせる。
4. 保存袋から凍った中身を取り出し、フードプロセッサーでふんわりするまで撹拌し、みかんの器に盛る。

＊ 写真はやや粗く削ったものですが、もう少しフードプロセッサーを回すとお家で作ったとは思えないほど滑らかなシャーベットにもなるので、お好みで作り分けてください

おすすめの飲み物

ブルーノ パイヤール ブラン ドゥ ブラン
エクストラ ブリュット グラン クリュ
Bruno Paillard Blanc de Blancs Extra Brut Grand Cru

生産者：ブルーノ パイヤール　Bruno Paillard
生産地：フランス、シャンパーニュ地方

オレンジジュースが余ったら
『ホットオレンジジュース』(2杯分)

鍋にオレンジジュース400mL、生姜スライス2～3枚、シナモンスティック1本（またはシナモンパウダー小さじ1)、はちみつ大さじ2を入れて、沸騰したらすぐに火を止める。軽く混ぜてカップに注ぐ。

みかんの上部を少しそいで、ふたと器にします

平たくすると凍りやすくなります

フルーツのお菓子

フルーツのホットデザート

果物をオーブンで焼くとジューシーさがアップ。
両端を閉じてくるっと巻くと
簡単に舟形の器ができます。

―――― 材料

1人分

[チョコバナナ]

バナナ … 1本
板チョコレート … 1/2枚
はちみつ … 大さじ1
ラム酒 … 小さじ1

[早生みかん]

早生みかん … 2個
ローズマリー … 1/2本
はちみつ … 大さじ1
レモン汁 … 小さじ1
シナモン … 少々

―――― 作り方

1 オーブンを190℃に予熱する。バナナは縦半分に切る。みかんは4等分に切る。
2 アルミ箔を舟形にし[a]、その中にそれぞれ具材を入れる。
3 アルミ箔を閉じて中が見えないようにして、190℃のオーブンで15分焼く。

舟の形になるように、両端をまとめ、具材を入れます

バナナとココナッツのデザート

タヒチ島のおやつを少しジャポニゼにアレンジ。
タピオカのかわりに小豆を使って再現してみました。
盛りつけも楽しいデザートです。

―――― 材料

カップ2個分

バナナ … 1本
バター(食塩不使用) … 15g
ゆで小豆 … スプーン山盛り2杯
鈴カステラ(市販品) … 6個
ココナッツミルク … スプーン2〜4杯
ラム酒 … ティースプーン2杯
ココナッツチップス … 適量
白ワインビネガー(色止め用/なくても可)
　… 少々

―――― 下準備

□ バナナは輪切りにする。

―――― 作り方

1 フライパンにバターを熱し、バナナを炒める[a]。
　＊このときに白ワインビネガーを入れると色止めになります
2 器に1とゆで小豆、鈴カステラを楽しく盛りつけ、ココナッツミルクとラム酒をかけ、ココナッツチップスを散らす。

バナナは軽く焼き色がつくまでソテーしてください

シブースト風キャラメルバナナパフェ

本来は熱を加えた「イタリアンメレンゲ」を使いますが、今回はおうちで出来る湯煎で作るメレンゲ「メレンゲスイス」で作ります。焼きバナナとの相性も最高です。

―――― 材料

カップ5～6個分

バナナ … 2本
レモン汁 … 小さじ2
てんさい糖 … 20g
水 … 大さじ1

[メレンゲスイス]

卵白 … 2個分
てんさい糖 … 40g

[クレームパティシエール]

牛乳 … 250mL
バニラビーンズ … 1/2本
卵黄 … 2個分
てんさい糖 … 50g
コーンスターチ … … 20g

ラム酒 … 大さじ1
クッキー（飾り用）… 5～6枚（人数分）

おすすめの飲み物

ブラック ローズ
Black Rose

＊ダークラム30ml：アイスコーヒー 90mlで作ります

―――― 作り方

1 バナナを1.5cmほどの厚さに輪切りにする。
   ＊トッピング用に5～6個のバナナはボウルに入れレモン汁で色止めしてください

2 フライパンにてんさい糖と水を入れ、強火にかける。色がついてきたらトッピング用以外のバナナを入れて炒める[a]。色がついたら火からおろし、粗熱をとる。
   ＊バナナは熟していなければ時間をかけて焼いて、熟していたらさっとあえるだけで十分です

3 クレームパティシエール（カスタードクリーム）を作る（⇒P77「カスタードクリームの作り方」参照）。

[メレンゲスイス]

4 ボウルに卵白を入れてほぐして泡立て、途中で、てんさい糖を加えてよく混ぜメレンゲを立てる。

5 鍋に水を入れ、沸騰したら中火にする。4のメレンゲのボウルを入れて湯煎にかけて60℃になるまで泡立て続ける[b]。60℃になったら湯煎からはずし、ツノが立つまで泡立てる。
   ＊60℃を超えると火が入りすぎてしまいます

6 クレームパティシエールに5を2～3回に分けて混ぜ、仕上げにラム酒を入れて混ぜる。冷蔵庫で1時間冷やす。

7 6を器に盛って2を上にのせる。トッピング用に取り分けていたバナナ[c]、ビスケットを飾る。
   ＊日持ちしないので作ったらすぐに召し上がってください

バナナをキャラメリゼします

僕はホイッパーですが、ハンドミキサー推奨です！

キャラメリゼしたバナナとレモンで色止めしたバナナを上にのせます

トゥロン

フィリピンの屋台で売られているおやつを春巻きの皮で！
揚げてからキャラメルでコーティングするので、
外はパリパリ、中のバナナがとろりと仕上がります。

―― 材料

4本分

バナナ … 1本
春巻きの皮 … 4枚
てんさい糖 … 30g + 30g
水溶き小麦粉（春巻き用のり） … 適量
揚げ油 … 適量

―― 下準備

□ バナナを2等分にしてそれぞれ半分に切る。

おすすめの飲み物

ゼルバッハ リースリング アウストレーゼ
ベルンカステラー クアフルストライ
Selbach Riesling Auslese Bernkasteler
Kurfürstlay

生産者：J&Hゼルバッハ　J.&H. Selbach
生産地：ドイツ、モーゼル地方

―― 作り方

1 春巻きの皮の上にバナナを置き、バナナの上にてんさい糖の半量をふりかけ、巻く [a,b]。巻き終わりは水溶き小麦粉で止める。

2 180℃の揚げ油で 1 をこんがりと揚げ、油を切る。

3 フライパンに残りのてんさい糖、2 の揚げ油（大さじ2）を入れて中火で溶かし、軽くキャラメル状にする。2 のバナナを入れ、火を止めて絡める [c]。
   ＊キャラメルにするのが難しい場合は揚げた後、粉糖をかけるだけでも美味しいです

4 クッキングシートに取り出し、少し冷ます。

バナナは横に半分に切り、それぞれ縦に半分にします

くるむように巻きます

キャラメルを全体に絡めましょう

焼きパイナップル

パイナップルを焼いて甘みを凝縮させました！

──── 材料

2〜4人分

パイナップル(輪切り) … 1/2個
ココナッツオイル … 大さじ2
A てんさい糖 … 10g
   はちみつ … 10g
   八角 … 2個
   シナモンパウダー … 適量
好みのアイスクリーム … 適量

──── 作り方

1 パイナップルは皮をむき、芯をとって切る。
2 フライパンにココナッツオイルを熱し、**1**を入れて中火で焼く。
3 **A**を加えてしばらく焼き、ひっくり返してパイナップルにフォークがすーっと入るくらいまでじっくり焼く [a]。
4 温かいうちに器に盛り、アイスクリームをのせる。

> おすすめの飲み物

フリーラン甲州

ブランド名：ユイット・ヴィンヤード・ミサカ
生産地：日本、山梨県

イチジクのロースト

アガベシロップをかけて焼くだけ！

──── 材料

3人分

イチジク … 6個
バター(食塩不使用) … 25g
アガベシロップ … 大さじ6
タイム … 2本

──── 下準備

□ オーブンを180℃に予熱する。

──── 作り方

1 イチジクの上1/3程度に十字の切り込みを入れて、アガベシロップをかけ、バターを1/6量ずつはさむ。スキレットに並べ、タイムをのせる。
2 180℃のオーブンで10〜15分焼く。

> おすすめの飲み物

ケンゾー エステイト ユイ ロゼ ワイン
KENZO ESTATE yui rosé wine

生産者：ケンゾー エステイト KENZO ESTATE
生産地：アメリカ、カリフォルニア州

フォークがすーっと入るようになったらOK

クランブル オー ポム

りんごとクランブルを合わせて焼くだけで最高に贅沢なデザートができあがります。りんごの代わりに、洋梨やブルーベリーなど、お好きなフルーツを使ってもグーです。

――― 材料

2〜3人分

りんご … 1個（正味で約200g）
てんさい糖 … 大さじ1
シナモンパウダー … 小さじ1/2

[クランブル]
アーモンドパウダー … 30g
薄力粉 … 30g
てんさい糖 … 30g
バター … 30g

バニラアイス … お好みで

――― 下準備

□ バターを小さく切る。
□ オーブンを180℃に予熱する。

　おすすめの飲み物　

ジム ビーム アップル
JIM BEAM APPLE

生産者：ジム ビーム　Jim Beam
生産地：アメリカ、ケンタッキー州

――― 作り方

1　クランブルの材料をボウルに入れ、指先でバターをつぶしながらバターがポロポロになるまで混ぜる[a,b]。冷蔵庫で1日寝かせる。
　*バターが溶けず、形が残るようにする

2　りんごは芯を取り除き、6等分にして5mmほどの厚さに切る[c]。

3　グラタン皿に2のりんごを入れ、てんさい糖、シナモンパウダーをふって手で混ぜ、1をかける。

4　180℃のオーブンで30分焼く。皿に盛り付け、アイスをのせる。

バターを崩すと混ざっていきます

バターの形が残る程度に

りんごが余っていたら
『ホットスパイシーりんごジュース』(4〜5杯分)

鍋にりんごジュース900ml、4等分にしたりんご1個、輪切りにしたレモン1個、シナモンスティック1本、八角1個、カルダモン2個、コリアンダー小さじ1、はちみつ大さじを入れて20分ほど弱火で煮る。こしながらグラスに注ぐ。

皮が気になる場合はむいてください

りんごのコンポート

フランスで全ての世代に大人気！
ナチュラルな味わいのコンポートです。
りんごがたくさんあるときにぜひ作ってみてください。

―――― 材料

作りやすい分量

りんご … 500g
水 … 100mL
てんさい糖 … 50g
バニラビーンズ … 1/2本
シナモンパウダー … 少々
レモン汁 … 少々

―――― 下準備

□ りんごは皮をむき、薄切りにする。
　＊皮をむかなくてもOK。おしゃれな色味になるのでお好みで

―――― 作り方

1　フライパンにすべての材料を入れて、ふたをして中火にかける。沸騰したら弱火にして15～30分煮込む [a]。

2　1のバニラビーンズを取り除き、粗熱をとる。ミキサーに入れて撹拌し、ピューレにする。

水分が少ないとミキサーが回らないので、これくらい水分を残してください

アメリカンチェリーとミントのコンポート

真っ赤で甘い甘いアメリカンチェリーには強めのミントがぴったり！
残ったシロップも美味しいので活用できますよ。
ヨーグルトにかけると夏の贅沢デザートに。

―――― 材料

作りやすい分量

アメリカンチェリー … 300g
水 … 200mL
てんさい糖 … 40g
レモン汁 … 少々
ミント … 適量
＊ミントはペパーミントがおすすめ

―――― 下準備

□ アメリカンチェリーの種をとる。

―――― 作り方

1　鍋に分量の水、てんさい糖を入れて中火にかけ、沸騰したら、アメリカンチェリーを入れて弱火で4～5分煮込む [a]。

2　火を止め、レモン汁、ミントを入れる。粗熱をとり、冷蔵庫で冷やす。

アクが出たら取り除いてください

イチゴとカルダモンのスープ

カルダモン風味の冷たいスープです。
カルダモンにはイチゴとヨーグルトがぴったり！
そのままでも美味しいイチゴが10倍高貴な味になります。

―― 材料

2人分

イチゴ … 1パック(250g)
A │ 水 … 100mL
  │ てんさい糖 … 50g
  │ カルダモン … 4粒
バニラビーンズ … 1/2本

[ソース]
プレーンヨーグルト … 75g
てんさい糖 … 大さじ1

―― 下準備

☐ カルダモンは潰すかハサミで切る。
☐ イチゴは大きさによって半分に切る。
☐ イチゴにてんさい糖(少々)をまぶす。
☐ バニラは切り目を入れて中の種を取り出し、てんさい糖に種をを擦りつける(P141参照)。

―― 作り方

1　ボウルにソースの材料を入れて混ぜ、スープを作っている間、冷蔵庫で冷やす。
2　鍋に **A** を入れて中火にかけ、てんさい糖を溶かす。
3　別の鍋に **2** をこしながら注ぎ、イチゴ、バニラビーンズを入れて火にかける [a]。沸騰したら火を止めて粗熱をとり、冷蔵庫で2〜3時間冷やす [b]。
4　器に **3** を入れて、**1** をかける。

イチゴについている砂糖が溶けるように汁をかけてください

クッキングシートで落としぶたをして浸透させます

落としぶたを作る

1　クッキングシートやアルミホイルを4つ折にして、三角に折り、鍋のサイズに合わせて丸く切る。
2　真ん中とほか2箇所切り込みを入れて広げる。
＊落としぶたをすることで、具がしっかり漬かります

イチゴイルフロッタント

クレームアングレーズを使った定番のデザートです。卵黄でアングレーズソースを作るときに残った卵白を使うのが決まりです。季節のフルーツを使ってどうぞ！

―― 材料

2人分

[ウフアラネージュ]

卵白 … 2個分
てんさい糖 … 20g
牛乳 … 50mL

[クレームアングレーズ（仕上がり600mL）]

牛乳 … 500mL
卵黄 … 4個分
てんさい糖 … 100g
バニラビーンズ … 1/2本

A｜イチゴ … たっぷり
　｜ピスタチオ … お好みで
　｜ミント … お好みで
　｜ミントリキュール … お好みで

―― 下準備

☐ ボウルに氷を入れ、シノワを用意する。

☐ バニラは切り目を入れて中の種を取り出し、鞘を牛乳に入れる。てんさい糖に種をを擦りつける（P141参照）。

☐ ウフアラネージュを作る（P84参照）。

☐ イチゴのヘタをとる。

おすすめの飲み物

ヌリア ブランド ノワール カバ グラン レセルバ
Nuria Blanc de Noir Cava Grand Reserva

生産者：スマロッカ　Sumarroca
生産地：スペイン、カタルーニャ地方

―― 作り方

[クレームアングレーズ]

1. 鍋にバニラビーンズを加えた牛乳を入れて弱火にかけて沸騰させ、火を止め、バニラの香りを移す。

2. ボウルに卵黄とバニラビーンズを混ぜたてんさい糖を入れ、もったりするまでよく混ぜる。1を数回に分けて加え、よく混ぜ合わせる。

3. 2を鍋に戻して弱火にかけ、常に混ぜながら火を入れる。沸騰させないように、82〜84℃になったら火を止める [a]。こして、氷水をあててすぐに冷やす [b]。

4. ウフアラネージュを器に盛ってAを楽しく盛りつける。3をたっぷりかける。

温度を確認しながら混ぜます

こして冷やしてください

イチゴと赤ワインのサラダ

ブルターニュのイチゴの楽しみ方！

―― 材料

2人分

イチゴ … 1パック（250g）
赤ワイン … 150mL
オレンジ … 1個
てんさい糖 … 60g

―― 下準備

☐ オレンジは皮をむき、カルチェにカットし（P99参照）、残った果肉から果汁を絞る。皮はせん切りにする。
  ＊皮の白い部分は入れないで
☐ イチゴのヘタをとる。
☐ 大きいイチゴは二等分に切る。

―― 作り方

1 鍋に赤ワイン、てんさい糖を入れて中火にかける。オレンジの皮を加えて、沸騰したらオレンジの実と果汁、イチゴを加えて、すぐに火を止める。

2 1の鍋を氷水で一気に冷まし、クッキングシートなどで落としぶたをして冷蔵庫で一晩冷やす。

おすすめの飲み物

ファイン ルビー ポート
Fine Ruby Port

生産者：テイラーズ　TAYLOR'S
生産地：ポルトガル、ドウロ地方

スイカとミントのスープ

凍らせたスイカで、想像以上ののどごしです

―― 材料

4人分

スイカ … 1/8カット
レモン … 1個
ミント … 少々
グルナディンシロップ … 少々
水（調整用）… 適宜
＊グルナディンシロップのかわりにオレンジジュースやアセロラジュースも使えます

―― 下準備

☐ スイカは皮と種を取り、ざく切りにして、冷凍庫に1時間ほど入れておく。
☐ レモンは半分に切り果汁を絞る。
☐ ミントは飾り用に少し取り分ける。

―― 作り方

1 ミキサーにスイカと絞ったレモン果汁、ミントを入れて撹拌する。

2 混ざったらグルナディンシロップを入れてさらに撹拌する。
  ＊ミキサーが回りにくかったら水を足してください

3 器に注ぎ、ミントを飾る。

でき立てをすぐに召し上がってください

ポワール ベル エレーヌ

100年以上前にジョルジュ・オーギュスト・エスコフィエ
というシェフが作ったデザートです。
このデザートは非常にクラシックで、エレガントな見た目が特徴です。

―――― 材料

2人分

洋梨 … 2個

[シロップ]

水 … 1L
グラニュー糖 … 300g
レモン（輪切り）… 2枚
バニラビーンズ … 1本

[チョコレートソース]

チョコレート … 100g
バター（食塩不使用）… 45g

＊バニラビーンズがなければバニラエッセンスを使ってください

―――― 下準備

□ 洋梨の皮をむく。

おすすめの飲み物

＊グラスを氷で満たし、ヴァニラシロップとトニックウォーターを1：8の割合で注ぐ。お好みでラムやブランデーを加えてお楽しみください！

―――― 作り方

1. 鍋にシロップの材料を入れて沸騰させ、洋梨を入れて中火で5分煮る [a]。
   ＊グラニュー糖はバニラの香りをつけてみてください
   ＊丁寧にするときは洋梨の芯を取りますが、今回は皮をむいてそのまま使います

2. 冷めたら、シロップに漬けたまま、冷蔵庫で一晩冷やす。
   ＊すぐに冷蔵庫に入れないで、冷ましてから入れてください

3. フライパンに水を入れ火にかけ、割ったチョコレートとバターを入れたボウルを置き、湯煎で溶かす。

4. 2から取り出した洋梨に3をかける [b]。

クッキングシートを切って落としぶたにしてください

梨がシロップで濡れているとチョコレートがかからないので、表面の水分を取ってからチョコレートをかけます

砂糖にバニラの香りをつける

1. バニラビーンズを半分に切り、中の細かい粒を包丁で絞りだす。

2. グラニュー糖にこすりつけるようにして混ぜる。

焼き桃

ちょっと硬い？　思ったほど甘くない？　桃あるある！ですよね。
そんな時は、焼けば美味しくなるんです♪
今回の最大のポイントは「皮付きで焼く」！

―――― 材料

2人分

桃 … 1個
バター（食塩不使用）… 25～35g
酒（香りづけ用、クレームドペーシュ、
　　ペルノ、ラムなど）… 少々
ソフトクリーム（市販品）… 2個

[味の調整]

甘みを足す → てんさい糖 … 適量
酸味を足す → レモン汁 … 適量

おすすめの飲み物

クレマン ド ブルゴーニュ ロゼ
Crémant de Bourgogne rosé
生産者：ヴィトー アルベルティ　Viteaut-Alberti
生産地：フランス、ブルゴーニュ地方

―――― 作り方

1　桃を半分に切り、種をとる [a]。

2　フライパンに分量の半分のバターを入れ、強火にかけ、断面がフライパンにつくように 1 の桃を入れて焼く [b]。焼き色がついたら桃をひっくり返す。

3　残りのバターを入れ [c]、中火～弱火でバターを桃にかけながら2～3分焼く。

4　桃の断面にてんさい糖をふり、ひっくり返す。てんさい糖がキャラメル状になったら再び溶けたバターを桃にかけながらひっくり返す [d]。

5　フライパンに酒を加え、強火にしてフランベする。仕上げにレモン汁をかける。器に盛り付け、桃にソフトクリームをのせる。

＊フランベは危険なのでP8「本書の使い方」を参照してください

焼く前に一口食べてみて、甘くなければてんさい糖、酸味がなければレモンを用意しておきましょう！

香りを楽しめるよう桃の皮ごと使います

バターが茶色く色づき始めたら桃を入れます

バターをかけながら桃を焼きます

桃が硬い場合は、バターを何度もかけてください

桃のコンポート

白ワインとレモンを使った大人のデザート！

―― 材料

2個分

A
- 桃 … 小ぶりなもの2個
- 水 … 500mL
- 白ワイン … 300mL
- てんさい糖 … 130g

レモン(果汁) … 2個(もしくはレモン汁100mL)

―― 下準備

□ レモンは半分に切り果汁を絞る。
□ なるべく小さくて深い鍋を用意する。

―― 作り方

1. 鍋に**A**、レモン汁を入れ、火にかける。沸騰したらあくをとり、弱火にして落としぶたをして5分、ひっくり返して5分、合計10分煮る [a]。
2. そのまま冷まして、皮をむく。器にまるごと盛りつけ、一緒に煮たシロップをかける。

おすすめの飲み物

ペティアン ド リステル ペーシュ
Pétillant de Listel Pêche

生産者：リステル　Listel
生産地：フランス、ラングドック地方

クッキングシートなどを落としぶたにします

桃のふるふるデザート

桃のコンポートのシロップで、ひんやりデザート！

―― 材料

2個分

桃のコンポートのシロップ … 150g
ペクチン … 10g
　(代用：粉ゼラチン5g＋シロップ大さじ1)
牛乳 … 30mL
桃のコンポート … 1/2個
ミント … お好みで

―― 下準備

□ 桃のコンポートを作る(P143参照)。
□ 桃のコンポートは食べやすい大きさに切る。
　＊桃のコンポートがない場合は桃の缶詰でも作れます

―― 作り方

1. 鍋にシロップ、ペクチンを入れて中火にかけ、しっかり溶かし、沸騰する前に火からおろす。
　＊ペクチンは80〜100℃で溶けます
2. **1**に牛乳を加えて、混ぜる。
3. **2**のボウルを氷水にあてて、とろみがつくまで混ぜながら冷やす。
4. 桃のコンポートを器に盛って**3**をかける。ミントを飾る。

おすすめの飲み物

ワン ミュスカ ナイト
One Musk A Night

生産者：ドメーヌ デュ オープランティ
Domaine du Haut-Pkanty
生産地：フランス、ロワール地方

フルーツのキャラメルソテー

温かいデザートです。
マスカルポーネを添えてどうぞ。プラムやプルーンだけではなく
イチジクやほかのフルーツでも美味しくできます。

---- 材料

2人分

プラム … 2個
プルーン … 2個
バター（食塩不使用）… 20g
はちみつ … 大さじ3
赤ワイン … 大さじ3
レモン汁 … 小さじ1
マスカルポーネ … 適量

---- 作り方

1 プラムとプルーンは半分に切り、種を取り除く。
  ＊皮はむかずに使います
2 フライパンにバターを熱し、中〜強火で**1**を断面を下にして焼く。
3 はちみつを加えてフライパンをゆらしながら焼き、焦げる寸前に赤ワイン、レモン汁を加えて煮詰める。プラムとプルーンをひっくり返し、キャラメルを絡め火を止める。
4 器に盛り、マスカルポーネを添える。

プルーンの洋酒漬け

紅茶とバニラとカルバドスの香りで！
このプルーンの洋酒漬けを使ってパウンドケーキも作れます。
コニャックやオードヴィ、ラム酒で漬けても美味です。

---- 材料

作りやすい分量

ドライプルーン … 400〜500g
紅茶 … 300mL（濃いめに抽出）
てんさい糖 … 100g
水 … 40mL
バニラビーンズ
　　… 1本（エッセンスでもOK）
カルバドス … 200mL

---- 下準備

□ 保存瓶を煮沸消毒する。

---- 作り方

1 プルーンにつまようじなどで穴をあける。
2 **1**をバットに入れて紅茶をかけ、冷蔵庫で1時間ほど寝かせる。
3 鍋にてんさい糖と水を入れ、中火にかけててんさい糖を溶かす。完全に溶けたらカルバドスを加える。
4 **2**をざるに入れて水気をきり、耐熱性の保存瓶に入れ、バニラビーンズ、熱い状態の**3**を加える。冷めたら瓶のふたを閉め、冷蔵庫で1週間漬ける。

フルーツのサバイヨングラタン

もったりさせたソースを焼いた美味しい一品。

─── 材料

2人分

卵黄 … 2個
てんさい糖 … 40g
シードル … 30mL
冷凍フルーツ … お好みで

＊冷凍ではなく生のフルーツでも作れます。少し熟したフルーツがおすすめ

─── 下準備

□ なるべく薄く仕上げるために、浅めの耐熱容器を用意する。

─── 作り方

1　ボウルに卵黄、てんさい糖を入れて混ぜ、シードルを加えて混ぜ合わせる。
2　フライパンに湯を張って**1**をボウルごとのせ、混ぜながら湯煎で火を入れる。トロッとしてきたら火からおろす。
3　耐熱容器に冷凍フルーツを敷き、**2**を流し入れる。
4　オーブントースター（高温）で5分焼く。

おすすめの飲み物

シャトー エラ トカイ アスー 5 プットニョシュ
Château Hellha Tokaji Aszu 5 Puttonyos

生産者：シャトー エラ　Château Hellha
生産地：ハンガリー、トカイ地方

秋のフルーツサラダ

フルーツポンチのような一皿！

─── 材料

4〜6人分

熟したフルーツ … いろいろ
てんさい糖 … 20g
リキュール（コアントロー）… 20g
レモン汁 … 適量

＊りんご1個（皮つき）、梨1個、柿1個、デラウェア1房（皮つき）、巨峰1房（皮つき）を使用しました

─── 下準備

□ フルーツを一口大に切る。
　＊小さめでも大きめでもお好みで

─── 作り方

1　ボウルにすべての材料を合わせてマリネする[a]。ラップをして冷蔵庫で一昼夜寝かせる。お好みの漬け加減でどうぞ！

おすすめの飲み物

ヴーヴ クリコ ドゥミ セック
Veuve Clicquot Demi-Sec

生産者：ヴーヴ クリコ ポンサルダン　Veuve Clicquot Ponsardin
生産地：フランス、シャンパーニュ地方

一晩ならシャキシャキ、一昼夜ならけっこうしっかり染み込みます

スイートポテト

シンプルながら、さつまいもの美味しさを堪能できる、おなじみのお菓子。
ころっと丸い形がかわいいです。
いろいろなさつまいもで作ってみてください。

------ 材料

10個分

A ┃ さつまいも … 300g
　┃ バター（食塩不使用）… 30g
　┃ 牛乳 … 20mL
　┃ 塩 … ひとつまみ

卵黄 … 1個
てんさい糖 … 60g
卵黄（仕上げ用）… 1個
水（仕上げ用）… 少々

------ 下準備

□ さつまいもはラップで包み、500wの電子レンジで10〜15分加熱して皮をむく [a]。
□ 仕上げ用の卵黄はハケで塗りやすい濃度になるように水を入れて溶く。
□ 天板にクッキングシートを敷く。
□ オーブンを190℃に予熱する。

おすすめの飲み物

ラングロワ シャトー
コトー デュ レイヨン クラシック
Langlois-Château Côteaux du Layon Classique

生産者：ラングロワ シャトー　Langlois-Château
生産地：フランス、ロワール地方

------ 作り方

1　フードプロセッサーにAを入れて撹拌し [b]、卵黄とてんさい糖を加えて、さらに撹拌する。
2　**1**をひと口大に丸めて天板にのせ、仕上げ用の卵黄を表面に塗る [c]。
3　190℃のオーブンで15分焼き、粗熱をとる。

オーブンで焼く前にピスタチオなどお好みのトッピングをのせてから焼くのも美味しいです

みんなの好きなおやつ

さつまいもは小さめに切ります

次に卵黄とてんさい糖を混ぜます

卵黄と水を混ぜて塗ります

三國流！ 焼き芋の楽しみ方

寒い日にぴったりの温かいおやつです。
オリーブオイルとごま油でソテーした焼き芋は
甘辛で手が止まらなくなります！

―――― 材料

10切れ分

焼き芋 … 2個
強力粉 … 適量
塩 … 適量

[ごま油ソテー]

七味唐辛子 … 適量
ごま油 大さじ1/2

[オリーブオイルソテー]

タイム … 1本
バルサミコ酢 … 少々
オリーブオイル … 大さじ1/2

おすすめの飲み物

シャトー ド リコー ルピアック
Château de Ricaud Lupiac

生産者：シャトー ド リコー　Château de Ricaud
生産地：フランス、ボルドー地方

―――― 下準備

□ 焼き芋は斜めに切り、格子に包丁を入れる [a]。

―――― 作り方

1 焼き芋のカット面片面に塩をふり、強力粉をまぶす。

2 別々のフライパンにそれぞれのオイルを熱し、**1**の表面を中火でカリッと焼く [b]。焼き色が付いたらひっくり返してもう片面も焼く [c]。
　＊こげないように

3 **2**を皿に移し、ごま油で焼いたほうに七味唐辛子、オリーブオイルで焼いたほうにバルサミコ酢とタイムをかける。

焼き芋の断面に格子状に隠し包丁を入れます

焼き芋を中火でゆっくり焼いてください

ひっくり返して、反対側もよく焼きます

さつまいもチップス

甘く、辛く、香ばしい、
食べ出したら止まらないさつまいもチップスです。
じゃがいもよりしっかりしているので揚げるのも簡単です！

みんなの好きなおやつ

―――― 材料

3人分

さつまいも … 250g
はちみつ … 20g
ハリッサ … 小さじ1
白ごま … 小さじ1
クミンシード … 小さじ1/2
揚げ油 … 適量
バター（食塩不使用）… 15g
塩 … 大きめひとつまみ

おすすめの飲み物

クメウ リヴァー クメウ クレマン
Kumeu River Kumeu Crémant
生産者：クメウ リヴァー　Kumeu River
生産地：ニュージーランド、オークランド地方

―――― 作り方

1. さつまいもをスライサーで切り、水に5分ほどつけてアク抜きをする [a]。キッチンペーパーの上にのせて水けをきる。
2. はちみつとハリッサを混ぜ合わせる。また、白ごまとクミンシードを混ぜ合わせる。
3. 150～160℃位の油で1を少しずつカリッと揚げる [b]。取り出して油をきりボウルに入れる。
4. フライパンでバターを熱し、バターが少し色づいたら塩を入れる。
5. 3の揚げたさつまいもに4をかけて [c]、2を加え、ボウルをふりながら全体にまぶす。

スライスしたさつまいもを水が入ったボウルでさらします

一度にたくさん揚げすぎないように

溶かしたバターを入れます

149

ポップコーン

フランス生まれの塩バターキャラメル味です。
ポップコーン作りは楽しいですが、
間違って蓋を早めに開けるとキッチンに飛び散りますのでご注意を。

——— 材料

2〜4人分

乾燥とうもろこし … 50g
米油 … 大さじ1
バター(食塩不使用) … 30g
てんさい糖 … 30g
牛乳 … 50mL
塩 … 3g

——— 作り方

1 フライパンに米油を熱し、乾燥とうもろこしを入れ、ふたをする。弾ける音がなくなるまで弱火〜中火で加熱し、バットなどに取り出す。

2 同じフライパンにバター、てんさい糖を入れて弱火で熱し、キャラメルを作る。牛乳を加えて溶かす [a]。

3 2に1を入れて絡め、塩をふる。

キャラメルを牛乳でよく溶きのばしてください

自家製グミ

実は身近な食材で作れるグミ！
自家製なら味の調整ができるので、
甘さやフレーバーなどを自分好みに楽しめます。

——— 材料

仕上がり50mLずつ

ぶどうジュース
　(またはオレンジジュース) … 50mL
水あめ … 25g
てんさい糖 … 大さじ1
粉ゼラチン … 5g
水(ゼラチンをふやかす用) … 15g
油(型に塗る用) … 適量

——— 下準備

☐ 型に油を薄く塗る。
☐ 粉ゼラチンを水でふやかす。

——— 作り方

1 小鍋にジュース、水あめ、てんさい糖を入れてよく混ぜながら、一度沸騰させる。中火にして3〜4分ほど煮詰める。

2 火を止めて、ふやかしたゼラチンを加えて溶かす。

3 2を型に流し入れ、粗熱をとりラップをかけて、冷蔵庫で一晩冷やし固める。

ふわふわホットケーキ

ベーキングパウダーを使わず、
卵の力でフワフワに焼き上げるホットケーキです。
バターやはちみつ、メープルシロップで食べるのもいいですね。

―― 材料

8枚分(2人分)

卵(L) … 1個
てんさい糖 … 大さじ2
薄力粉 … 70g
牛乳 … 50mL

[チョコバナナソース]

バナナ … 1本
ヌテラ … 80g
牛乳 … 20mL

―― 下準備

☐ 卵を卵黄と卵白に分ける。

☐ バナナを刻む。

> おすすめの飲み物

カフェ フラペ
Café frappé

＊インスタントコーヒー＋氷＋砂糖で作ります

―― 作り方

1. ボウルに卵白を入れて泡立て、途中でてんさい糖を加えてメレンゲを立てる。冷蔵庫で冷やす。
2. 別のボウルに薄力粉、卵黄、牛乳を入れて混ぜ合わせる。**1**のメレンゲを再度しっかり泡立て、2回に分けて加えて混ぜ、生地を作る **[a]**。
3. 鍋にソースの材料を入れ中火にかけ、混ぜながら温める。
4. フライパンに**2**を流し入れ、中火で焼く **[b]**。片面が焼けたらひっくり返し、弱火で焼き上げる。
5. チョコバナナソースをはさみながらホットケーキを重ねて盛りつける。

2回目に入れたメレンゲは、ゴムベラで切るように混ぜてください

フライパンを一度温め、ぬれふきんの上に置き底を冷やし、生地を流し入れるときれいに焼けます

みんなの好きなおやつ

アーモンドのチョコレートがけ

フランスのショコラティエの定番、アマンドオショコラです。
チョコレートとココアパウダーを何層にも重ねることもできますが、初心者向けにまず一回まぶすレシピです。

---- 材料
作りやすい分量

チョコレート … 100g
てんさい糖 … 30g
水 … 20mL
アーモンド … 100g
バター（食塩不使用）… 10g
塩 … ひとつまみ
ココアパウダー … 適量

---- 下準備

☐ チョコレートを湯煎で溶かす。
☐ 必要ならばアーモンドを焼く（素焼きの新しいものならばそのままでもOK）。

おすすめの飲み物

アイリッシュ コーヒー
Irish coffee

---- 作り方

1 フライパンにてんさい糖と水を入れて強火にかけ、沸騰したらアーモンドを入れて、中火にしてヘラで混ぜながら水分を飛ばす [a]。

2 アーモンドがくっついてきたら火を止め、バターと塩を入れて混ぜながらバターを絡める。
＊水分が残っていたらもう一度火にかけてください

3 クッキングシートに 2 を取り出して冷ます。

4 ボウルに 3 を入れ、氷水を入れたボウルの上にのせ、溶かしたチョコレートを 2 回に分けて加えて混ぜる。ココアパウダーをまぶす [b]。

＊色の濃いてんさい糖と皮付きアーモンドをキャラメリゼするときは、焦げとの見分けがつきづらいので注意してください
＊チョコレートとココアパウダーを加えて仕上げるまで、ずっと混ぜ続けます
＊最後ざるにアーモンドを入れ余分なココアパウダーを落としてください

アーモンドをヘラで混ぜながら、水分を飛ばします。火は中火でOK

ココアパウダーをまぶしてアーモンド同士がくっつかないようにします

チョコレートが余ったら
『アフォガート風ショコラショー』(1杯分)

鍋に牛乳200mLとチョコレート50gを入れて火にかける。沸騰しないようにして、チョコレートを溶かす。グラスにアイスクリームとバーボンを入れ、鍋の中身を注ぐ。

トリュフ コニャック

4つの食材で、かなり本格的なトリュフチョコレートができます。
手で丸めてトリュフ型にしても。
風味づけのアルコールや形を自分好みにアレンジしてみて。

------ 材料
作りやすい分量

チョコレート … 50g
生クリーム … 40mL
コニャック … 小さじ1
粉糖 … 適量（20gくらい）
氷水 … 水300mL＋氷2個

おすすめの飲み物

コニャック ヘネシー ベリー スペシャル
COGNAC Hennessy VERY SPECIAL

生産者：ヘネシー　　Jas Hennessy & Co.,
生産地：フランス、コニャック地方

------ 作り方

1　ボウルにチョコレートを細かく切って入れる。

2　小鍋に生クリームを入れて、中火で温める。沸騰したら1のボウルに加え、チョコレートを溶かし、コニャックも加えて混ぜ合わせる。

3　2のボウルを氷水を入れたボウルの上にのせ、混ぜながら冷やす [a]。
＊水300mLと氷2個くらいの冷たさがおすすめ

4　硬さが出てきたら絞り袋に入れ、粉糖を広げたバットの上に棒状に絞っていく [b]。

5　4をキッチンバサミで4〜5cmにカットして [c]、バットをふって粉糖を全体にまぶす。

6　冷蔵庫で30分冷やす。

チョコレート

チョコレートが余ったら
『スパイスショコラショー』（2杯分）

小鍋にチョコレート100g、牛乳300g、お好みの量のてんさい糖、カルダモンパウダー・ジンジャーパウダー・胡椒をそれぞれ少々入れて火にかけ、混ぜながらチョコレートを溶かす。グラスに注ぐ。別に牛乳適量を温めて泡立てた泡、チョコレートひとかけら、お好みでカルダモンを飾る。

冷やしながら耳たぶくらいの硬さになるように混ぜます

絞り袋に入れ棒状に絞ります

キッチンバサミなどで食べやすい大きさに切ってください

153

ペドノンヌ〜尼さんのオナラ〜

シュー生地を油で揚げて、粉糖をふった
「尼さんのオナラ」という名前で有名なフランス菓子です。
ふわふわで香ばしくて、食べすぎ注意。

―― 材料
約30個分

A 水 … 60mL
　牛乳 … 60mL
　バター（食塩不使用）… 40g
　てんさい糖 … 15g
　塩 … ひとつまみ
薄力粉 … 80g
卵 … 2個
揚げ油 … 適量
粉糖 … 適量

―― 下準備
□ 薄力粉をふるう。

おすすめの飲み物

ヴァンダンジュ タルディヴ ピノ グリ
Vendanges tardives Pinot gris
生産者：マルク クライデンヴァイス
Marc Kreydenweiss
生産地：フランス、アルザス地方

―― 作り方

1　フライパンに **A** を入れて中火にかけ、バターが溶けたら火からおろす。
　＊沸騰したときにちょうどバターが溶けるタイミングがベスト

2　1のフライパンに薄力粉を少しずつ入れて混ぜ、練り上げる [a]。

3　ダマがなくなったら、2を再度中火にかけて水分をしっかり飛ばす。
　＊鍋はだから生地が離れるのが合図！

4　3をボウルに移して、卵を1個ずつ加え、ゴムベラで練り上げる [b]。
　＊生地がやわらかい場合は、卵の量で調整します

5　4を絞り袋に入れて、150〜160℃の揚げ油に1.5cmずつに絞って揚げる [c]。ふくらんできつね色になったら取り出して油をきり、粉糖をかける。

a 薄力粉がダマにならないように潰しながら混ぜてください

b もったり静かに落ちる硬さになればOK

c キッチンバサミなどで切ると、切り離しやすいです

ベニエ

素朴で美味しいフランスの揚げドーナツです。
フランス中にあって、地方によって作り方や材料が違い、
それに伴って呼び名も変わります。

揚げるおやつ

―― 材料

12個分

A
- 薄力粉 … 200g
- 卵 … 1個
- てんさい糖 … 50g
- 牛乳 … 40mL
- バター（食塩不使用）… 40g
- ベーキングパウダー … 2g

ヌテラ[R] … お好みで
オレンジの皮 … お好みで
揚げ油 … 適量
粉糖（仕上げ用）… 適量

―― 下準備

□ バターを常温に戻し、ポマード状にする。
□ 薄力粉をふるう。

おすすめの飲み物

フレンチ・ハイボール
＊コニャック1：ソーダ割4で作ります

―― 作り方

1 ボウルにAを入れて混ぜ合わせる。ひとまとめにし、ラップをかけて冷蔵庫で30分ほど寝かせる [a]。

2 ヌテラ[R]にオレンジの皮をすりおろして加え [b]、混ぜ合わせる。湯煎でやわらかくする。

3 1の生地を棒状にして20gずつくらいに切り分け、1つずつ丸める [c]。

4 160℃の油で3を揚げる [d]。取り出して油をきって粉糖をかけ、ヌテラのソースを添える。

時間がないときは休ませなくてもOKです

オレンジは香りづけです。レモンでもいいです

生地を切り分けて団子状にします。ざっくり丸めればOKです

生地が浮いてくると、だいたい火が通っています

ビューニュ

フランス・リヨンの郷土料理で素朴でクセになる味。
カーニバル(謝肉祭)のお菓子として知られています。
絶妙なサクサク感をお楽しみください。

――― 材料

20〜30個

A
- 薄力粉 … 125g
- 卵 … 1個
- バター(食塩不使用) … 25g
- てんさい糖 … 25g
- ラム酒 … 小さじ1
- ベーキングパウダー … 2g
- レモンの皮 … 1/2個分
- 塩 … ひとつまみ

揚げ油 … 適量
粉糖 … 適量
薄力粉(打ち粉用) … 適量

――― 下準備

□ バターを小さく切る。

おすすめの飲み物

シュール ダルク クレマン
トック エ クロシェ リミテッド エディション
Sieur d'Arques Crémant Toques et Clochers Limited Edition

生産者：シュール ダルク　Sieur d'Arques
生産地：フランス、ラングドック地方

――― 作り方

1. フードプロセッサーに**A**を入れて撹拌し、ボウルに移して[a]、ひとまとめにして、ラップで包んで冷蔵庫で一晩寝かせる。
2. 台に打ち粉をし、ラップをはずした**1**を麺棒で5mmほどの厚さに伸ばし、ひし形に切る[b]。中央に切り込みを入れ、片方の端を穴に差し込む[c]。
3. 180℃の油で**2**を揚げる[d]。少しふくらんで揚がったら取り出し、油をきって仕上げに粉糖をふる。

フードプロセッサーから出したときはポロポロなので、ボウルの中で手でまとめます

ひし形に切って、中央に切り込みを入れます

切り込みに生地の片方の端を差し込んで、くるっ！と丸めてください

揚げるとカリっとします

コーヒーかりんとう

コーヒーとてんさい糖を使っているので見た目は黒っぽくなりますが、香ばしくて食感のいいお菓子です。手作りのかりんとうにハマること間違いなし!!

------ 材料

4人分

A ┌ 薄力粉 … 100g
  │ てんさい糖 … 10g
  │ インスタントコーヒー … 7g
  └ ベーキングパウダー … 2g

牛乳 … 60mL
揚げ油 … 適量
てんさい糖 … 80g
水 … 15mL
薄力粉(打ち粉用) … 適量

おすすめの飲み物

カルア トニック
Kahlua Tonic

＊カルア30mL、トニック60mL、ライム1カットを混ぜて作ります

------ 作り方

1. ボウルに**A**を入れて、中央にくぼみを作り牛乳を加えて混ぜ合わせる。
2. 台に打ち粉をして**1**をのせ、打ち粉をしながら手で軽くこねる[a]。ラップで包み、冷蔵庫で30分寝かせる。
3. 台に打ち粉をして**2**をラップをはずしてのせ、麺棒で伸ばす。生地を細く切り、2〜3回ひねる[b,c,d]。
4. 180℃の油で**3**を2〜3分揚げる。取り出して油をきる。
5. フライパンにてんさい糖と水を入れて煮詰め、てんさい糖が溶けたら弱火にして**4**を加えて絡める。
6. バットなどに取り出し、くっつかないように広げて冷ます。

生地を台に移し、台にも生地にも打ち粉をして手でこねてください

まず伸ばした生地を半分に切ります

半分の生地は太めに、もう半分は細めに切りました

ひねると揚げたときに丸い形になります

自家製アーモンドミルク

―― 材料

1〜2人分

アーモンド(ロースト、食塩不使用)
　… 50g
水(浸ける用)… 適量
水 … 150mL

―― 作り方

1　アーモンドを一晩水に浸ける。
2　1のアーモンドの水けをきり、ミキサーに入れ、分量の水を加えて、なめらかになるまで撹拌する。
　＊アーモンドの皮はむいてもむかなくてもOK
3　2を茶こしなどでこしながらグラスに注ぐ。

[アレンジレシピ〜アーモンドミルクラテ〜]
自家製アーモンドミルク100mL、エスプレッソ40mL、てんさい糖小さじ1を混ぜる。

鶏のミルク〜レ ド プル〜

―― 材料

1人分

A ｜ 卵黄 … 1個分
　｜ てんさい糖 … 大さじ1
　｜ シナモンパウダー … お好みで
　｜ ラム酒 … 好きなだけ
牛乳 … 150mL

―― 作り方

1　カップにAを入れて混ぜ合わせる。
2　鍋に牛乳を入れ、中火にかけて沸騰したら火を止める。
3　2を1に少しずつ加えながら電動泡立て器で混ぜる。

ドリンクではなく
食べるデザート！

AMAZAKE リオレ

―― 材料

2人分

A ｜ 牛乳 … 400mL
　｜ 米 … 70g
　｜ てんさい糖 … 50g
バニラビーンズ … 1本
甘酒 … 118g
十六穀甘酒 … 少々

―― 作り方

1　てんさい糖にバニラの香りを移す(P141参照)。
2　鍋にAを入れて中火でかき混ぜながら沸かし、沸騰したら蓋をして弱火で30分煮て火を止める。
3　2に甘酒を加えよく混ぜて、蓋をして5〜6分蒸らす。グラスに入れ十六穀甘酒を上からかける。

ホット白ワイン〜ヴァンブランショー〜

―― 材料

2人分

白ワイン … 350mL
＊白ワインはあればアルザスが最高！
はちみつ … 大さじ2
オレンジ（輪切り）… 2枚
レモン（輪切り）… 2枚
シナモンスティック … 1本
八角 … 1個
てんさい糖 … お好みで

―― 作り方

1 鍋に材料をすべて入れて中火であたためる。
2 沸騰する直前で火を止めて、グラスに注ぐ。
　＊八角はグラスに入れないで

息抜きレシピ

シードルショー

―― 材料

1人分

シードル … 飲みたいだけ

[グラスの飾り]
てんさい糖 … 少々
シナモンパウダー … 少々
ジンジャーパウダー … 少々

―― 作り方

1 グラスの縁をシードルで濡らす。小皿にてんさい糖、シナモンパウダー、ジンジャーパウダーを入れて混ぜ、グラスをさかさまにして縁をつける。
2 小鍋にシードルを入れて中火にかけ、沸騰したら、1に注ぐ。
　＊シードルを温めるとき、味見をして、好みでてんさい糖やシナモンスティックを加えてください

グロッグ

―― 材料

2人分

A ｜ ラム酒（ダーク）… 大さじ1〜2
　｜ はちみつ … 大さじ1
　｜ てんさい糖 … 小さじ1
　｜ レモン（輪切り）
　｜ 　… 数枚（果汁でもOK）
熱湯 … 150〜200mL
シナモンスティック … 1本

―― 作り方

1 耐熱性のグラスにAを入れて熱湯をそそぐ。
2 1をシナモンスティックで混ぜながら香りをつける。

159

三國清三（みくに・きよみ）

1954年北海道・増毛町生まれ。15歳で料理人を志し、札幌グランドホテル、帝国ホテルにて修業後、74年、在スイス日本国大使館料理長に就任。ジラルデ、トロワグロ、アラン・シャペルなど三ツ星レストランで修業を重ね、82年に帰国。85年、東京・四ツ谷にオテル・ドゥ・ミクニ開店。99年、ルレ・エ・シャトー協会の世界5大陸トップシェフの1人に選出される。2013年、フランスの食文化への功績が認められ、フランソワ・ラブレー大学（現・トゥール大学）にて名誉博士号を授与される。15年、フランス共和国レジオン・ドヌール勲章シュヴァリエを受勲。20年4月YouTubeチャンネル「オテル・ドゥ・ミクニ」を開設。簡単な家庭料理を中心としたレシピ動画などを配信。著書『スーパーの食材でフランス家庭料理をつくる　三國シェフのベスト・レシピ136　永久保存版』（KADOKAWA）は第9回料理レシピ本大賞にて「プロの選んだレシピ賞」を受賞。ほかの著書に『スーパーの食材が高級レストランの味になる　三國シェフのすご技絶品レシピ　永久保存版』（KADOKAWA）などがある。

今日は甘いものを食べたい日
三國シェフの簡単美味しいおうちスイーツ135

2025年2月4日　初版発行

著者　　三國　清三
発行者　山下　直久
発行　　株式会社KADOKAWA
　　　　〒102-8177　東京都千代田区富士見2-13-3
電話　　0570-002-301（ナビダイヤル）
印刷所　大日本印刷株式会社
製本所　大日本印刷株式会社

本書の無断複製（コピー、スキャン、デジタル化等）並びに
無断複製物の譲渡および配信は、著作権法上での例外を除き禁じられています。
また、本書を代行業者等の第三者に依頼して複製する行為は、
たとえ個人や家庭内での利用であっても一切認められておりません。

●お問い合わせ
https://www.kadokawa.co.jp/（「お問い合わせ」へお進みください）
※内容によっては、お答えできない場合があります。
※サポートは日本国内のみとさせていただきます。
※Japanese text only

定価はカバーに表示してあります。

©Mikuni Kiyomi 2025 Printed in Japan
ISBN978-4-04-607284-9 C0077